Ingrandimenti

Piero Angela

IL MIO LUNGO VIAGGIO
90 anni di storie vissute

MONDADORI

Dello stesso autore
in edizione Mondadori

A cosa serve la politica?
Alfa & beta
Da zero a tre anni
I misteri del sonno
Premi & punizioni
Ti amerò per sempre
Viaggio nel mondo del paranormale
Viaggio dentro la mente
Viaggio nella scienza
Tredici miliardi di anni

con Alberto Angela
La straordinaria avventura di una vita che nasce
La straordinaria storia della vita sulla Terra
La straordinaria storia dell'uomo
Viaggio nel cosmo

con Lorenzo Pinna
Atmosfera: istruzioni per l'uso
Oceano: il gigante addormentato
Perché dobbiamo fare più figli
La sfida del secolo

librimondadori.it
anobii.com

Il mio lungo viaggio
di Piero Angela
Collezione Ingrandimenti

ISBN 978-88-04-66335-5

© 2017 Mondadori Libri S.p.A., Milano
I edizione maggio 2017

Anno 2018 - Ristampa 6 7

Indice

11 *Prefazione*

13 Capitolo I
Un'Italia scomparsa, 13 – Le scarpe col buco, 16 – Vita in famiglia, 17 – Il tempo per pensare, 20 – Il volume dei "Perché?", 21

26 Capitolo II
Il 10 giugno eravamo in salotto..., 26 – In cantina con il thermos e il rosario, 28 – Tre anni tra i matti, 30 – Gli ebrei finti malati, 32 – Un padre speciale, 34 – Un matto vero, 35 – Un aereo a bassissima quota, 36 – La Liberazione, 37 – Una fucilazione, 39

41 Capitolo III
La passione per il pianoforte, 41 – Fate musica, 44 – Gli inizi alla RAI, 46 – Il famoso uccellino, 46 – Una regola che ho osservato, 48 – "Questo giovanotto farà molta strada", 49 – Tortora e il testimone al di sopra di ogni sospetto, 50 – Sfiorato dalla Mole Antonelliana in caduta libera, 52 – Una terribile bugia, 53

55 Capitolo IV
Vivere tredici anni all'estero, 55 – Una cultura diffusa, 56 – Lasciare l'Italia, 57 – Gli spigoli di Parigi, 58 – Cercar casa, 60 – Qui Parigi, vi parla..., 61 – Il primo, emozionante collegamento con l'America, 63 – Come sposare tre principesse, 64

66 Capitolo V
Tecniche di colpo di Stato, 66 – Una mitragliatrice per De Gaulle, 67 – L'attentato a Mitterrand (e colpo di scena finale), 69 – I paracadutisti su Parigi, 71

73 **Capitolo VI**
Bruxelles, 73 – Costruire l'Europa, 76 – La notte in cui l'Europa morì, 77 – Il vero problema, 78 – Un pianeta lontano, 79 – Zone turbolente, 82

88 **Capitolo VII**
La Bella Otero e la maestrina dalla penna rossa, 88 – Il soldato di Waterloo, 90 – Una foto ingiallita, 91 – Il dossier segreto di Mata Hari, 93 – Era veramente una spia?, 95

97 **Capitolo VIII**
Il termosifone di Citterich, 97 – In fila davanti a un negozio, 98 – La nascita del nuovo Telegiornale, 100 – Il colonnello Bernacca, 102 – Il linguaggio dei politici in TV, 103 – Obiettività, 105 – Il varo interessa se va male, 106 – Politica e informazione, 109

113 **Capitolo IX**
Il maggio del '68, 113 – 600.000 persone per mandare due uomini sulla Luna, 115 – Un contadino lucano a capo del progetto Luna, 116 – Le grandi emozioni del lancio, 117 – Un granello di polvere nello spazio, 119 – I fulmini di Oriana Fallaci, 120 – "Vorrei fare l'astronauta", 121 – La letterina di Stanley Kubrick, 122 – Asimov, 124

127 **Capitolo X**
Gli inizi della divulgazione scientifica, 127 – Un incontro imbarazzante con Rita Levi Montalcini, 128 – Cosa c'è dentro un globulo rosso, 129 – Al Caltech, dove gli studenti si danno i voti da soli, 130 – Un tribunale segreto per scegliere chi salvare, 132

135 **Capitolo XI**
Tra leoni e leopardi, 135 – Prendere un aereo e scendere nel passato, 137 – L'attacco dei guerriglieri, 139

141 **Capitolo XII**
La vasca di Archimede, 141 – Bisogna credere al riscaldamento climatico?, 143 – La scienza al Palazzetto dello Sport, 146 – La commissione per la riforma primaria, 147 – Scrivere di scienza per un quotidiano, 150

152 **Capitolo XIII**
Il Telegiornale dei perché (con sorpresa), 152 – Direttore del TG? No, grazie, 153 – Direttore di rete? No, grazie, 155 – Istruire attraverso gli obbrobri, 156 – Gli incredibili "palinsesti" dell'epoca, 156

158 Capitolo XIV
Imbrogliare uno scienziato, 158 – Leggere nei libri chiusi, 160 – Come funzionano le veggenze, 161 – La bella storia del CICAP, 162

165 Capitolo XV
Medicine alternative: illusioni e tragedie, 165 – Omeopatia: processo a Piero Angela, 167 – La scienza non è democratica, 168 – Come si controlla un farmaco, 170 – I personaggi che una volta al bar venivano zittiti, 171

173 Capitolo XVI
"Quark", 173 – Beppe Grillo, 176 – Il giapponese nella giungla, 177 –Le pillole quotidiane, 181 – Viaggio nel corpo umano, 182 – Alla ricerca di un miliardo di lire, 186 – Spiegare l'economia, 189

192 Capitolo XVII
Arriva Berlusconi, 192 – Il misterioso contratto nazionale di servizio, 195 – Lo "scalino" che fece nascere "SuperQuark", 196 – L'inquilino di Rasputin, 198 – Chi salva la casa di Meucci?, 201 – Arriva il preservativo, 202

204 Capitolo XVIII
"Perché non scrivi qualcosa per il cinema?", 204 – Sedici persone in trappola, 205 – Il dolcevita rosa di Sean Connery, 207 – L'incontro (e lo scontro) con Federico Fellini, 209

211 Capitolo XIX
Far rivivere due antiche ville romane, 211 – Un nuovo modo di raccontare, 212 – Primo Palazzo Valentini, secondo il Colosseo…, 213 – Il famigerato "ribasso", 215

218 Capitolo XX
Futuri, 218 – La scomparsa dell'uomo bianco?, 220 – Costruire il futuro, 221 – Nascita di un progetto, 222 – E dopo?, 224

225 *Epilogo*
Quel piccolo carosello…, 225

Il mio lungo viaggio

*A Margherita, Christine e Alberto,
miei splendidi compagni di viaggio*

Prefazione

Questo libro è molto diverso dai miei precedenti. Non è un libro di divulgazione scientifica, ma un racconto personale dedicato al pubblico che da tanti anni mi segue nel mio lavoro, spesso con vero affetto.

Ho sempre avuto una certa reticenza nel parlare di me, e per questa ragione ho ogni volta declinato l'invito degli editori a farlo. Ora che mi avvicino ai novant'anni (mi pare incredibile...) comincio tuttavia a pensare che effettivamente sono stato testimone diretto di tanti eventi piccoli e grandi del passato, e che forse alcuni di questi potevano interessare i lettori.

Il libro racconta le mie esperienze di lavoro, il "dietro le quinte" di oltre mezzo secolo di televisione, con storie curiose, drammatiche, divertenti. Ma per la prima volta rispondo anche a certe domande che spesso mi vengono rivolte in occasione di incontri o conferenze, e che riguardano la mia vita, la mia formazione, gli inizi in RAI, il pianoforte, persino la mia infanzia. Tante domande alle quali ho pensato di rispondere in questo libro, tenendo a mente quello che gli spettatori e i lettori volevano sapere.

Credo che la prima parte del racconto, relativa agli anni Trenta e Quaranta, possa essere interessante per chi non ha vissuto quell'epoca: ne emerge un'Italia molto diversa dall'attuale, antica, ormai scomparsa, ma che mostra bene da dove veniamo. E racconta anche cosa ha voluto dire vivere per cinque anni dentro alla guerra, in un mondo di fame, bombardamenti e persecuzioni.

La mia generazione ha vissuto una grande transizione. Scienza e tecnologia, direttamente o indirettamente, hanno profondamente cambiato (e continuano a cambiare) ogni cosa: il lavoro, le comunicazioni, la medicina, i trasporti, ma anche l'informazione, i comportamenti, la morale, i rapporti tra generazioni...

Troppo, in così poco tempo.

Il libro contiene anche alcune mie riflessioni sui problemi che sta incontrando l'Italia per adeguarsi a questa improvvisa accelerazione, che ha provocato un fuori sincrono tra tecnologia e cultura e che sta creando evidenti difficoltà alla politica nel gestire e guidare il cambiamento, soprattutto in mancanza di una visione di medio-lungo termine.

Ringrazio Gabriella Ungarelli per la stretta collaborazione di tanti anni e per avermi, anche in questa occasione, stimolato nel modo giusto e guidato lungo il racconto.

I

Un'Italia scomparsa

Quando sono nato, alla fine degli anni Venti, Charles Lindbergh aveva appena attraversato per la prima volta in solitaria l'Atlantico con un aereo, e Umberto Nobile era appena tornato con i pochi superstiti dal disastro del dirigibile *Italia* al Polo Nord. L'Italia era un paese in larga misura analfabeta, una persona su cinque non sapeva neppure scrivere la propria firma. E la speranza di vita era di soli cinquantadue anni!

Rivedo perfettamente l'Italia di quell'epoca, come in un film. Era un paese pieno di lavatoi pubblici, dove le donne, chine, lavavano a mano nell'acqua fredda (senza guanti...). In città, dove c'era l'acqua corrente, si faceva in casa il bucato, che richiedeva un'intera giornata. Per chi poteva permetterselo, c'era un servizio di lavanderia. Ricordo che dal mio balcone vedevo arrivare ogni settimana un carro a cavallo carico di grandi fagotti accatastati con la biancheria pulita. A volte i cavalli facevano laghi di pipì con riflessi iridescenti.

Anche il ghiaccio arrivava su carri a cavallo, in grossi blocchi che degli omoni trasportavano a spalla, appoggiandoli su spessi teli di juta. In casa li spezzavamo a martellate per farli entrare nel vano della ghiacciaia. Un lavoro che ci contendevamo con mia sorella Sandra.

Non esistevano i supermercati. Il latte lo vendeva la lattaia (la *marghera*), e spesso andavo a comperarlo con il secchiello (il *sigilìn*): la lattaia lo riempiva intingendo il mestolo in un bidone. Bisognava però farlo bollire per eliminare i batteri, e uno dei miei compiti era di fare la guardia alla pentola per evitare che il latte traboccasse.

Ero affascinato dai materassai che venivano a cardare la lana nel cortile. Si mettevano a cavalcioni sul loro attrezzo, una specie di grande grattugia a dondolo, con denti acuminati che "cotonavano" la lana, e permettevano ai materassi di tornare rigonfi. Nel cortile arrivavano anche gli arrotini, che facevano girare la mola pedalando sulla bicicletta.

A quel tempo tutti gli impianti di riscaldamento, come anche i treni, erano a carbone. D'inverno arrivava uno strano veicolo con le ruote basse carico di sacchi; nel cortile c'era un grosso tombino, e lì veniva scaricato il carbone, riempiendo uno scantinato sottostante. In quell'antro buio viveva un uomo che giorno e notte spalava il carbone e lo gettava nelle caldaie appaiate dei due condomini. Viveva nella quasi totale oscurità, coperto di fuliggine, dormendo su una piccola branda.

Ho sempre provato un senso di colpa verso questa persona; come anche verso la balia che mi salvò la vita. Quando nacqui, infatti, mia madre non aveva latte a sufficienza, e con un telegramma arrivò dal Friuli Adalgisa, che aveva lasciato il suo bambino per allattare me.

Le balie allora avevano una specie di costume tradizionale, con un turbante e ampie gonne colorate. Le si vedevano nei giardini, accanto alle carrozzine, sedute sui *pliants*.

Va detto che tutti allora vestivano divise: i tramvieri, i tassisti, gli ispettori del gas, i facchini, i bidelli. Anche alla RAI, ancora negli anni Cinquanta, i tecnici erano tutti in camice bianco, e le impiegate in grembiule nero e colletto bianco.

Naturalmente, quasi niente automobili.

Rivedo ancora oggi le strade intorno a casa mia completamente libere, senza auto parcheggiate. Solo una, di fronte a un palazzo con uffici.

14

Le cose cominciarono a cambiare con l'arrivo della famosa "Topolino", un'utilitaria a basso prezzo. Ne comprò una anche mio padre e fu un grande evento: vennero dalla FIAT a consegnarla e ci fu l'inaugurazione. Nel cortile del condominio mio padre, che aveva preso da poco la patente, mise in moto, ma confuse la frizione con l'acceleratore. La Topolino partì come un razzo, andando a schiantarsi contro la lamiera ondulata di un garage. Ci fu un boato tremendo: tutti i condomini uscirono sui balconi. Mia madre venne fuori dall'auto con il cappello di traverso e un ginocchio sanguinante. La FIAT venne a riprendersi l'auto: aveva fatto solo dieci metri...

Poi mio padre comprò d'occasione una bellissima Lancia Augusta carrozzata da Ghia. Ma non fece quasi in tempo a utilizzarla, perché con la guerra l'automobile finì in un garage. Niente più benzina.

Guardando a quegli anni, vengono i brividi a pensare che quasi non esistevano farmaci per curarsi. Non c'erano gli antibiotici, e le infezioni potevano essere letali.

Anch'io rischiai di morire di polmonite, quando avevo poco più di un anno. Mia sorella Sandra mi ha raccontato di avere ancora oggi negli occhi quella scena, tanto la impressionò (lei, allora, aveva quasi tre anni): ero nel mio lettino bianco, pallido, e guardavo con aria triste un piccolo carosello che mi avevano messo davanti, con appesi i cavalli e i cavalieri di latta che giravano lentamente.

Le mie difese immunitarie vinsero quel primo torneo, rilasciandomi praticamente un biglietto di ingresso nella vita. E quella piccola giostra rimase a lungo con me.

Ad altri non andò altrettanto bene: un mio compagno morì di tifo a dodici anni. Cosa impensabile, oggi. Ricordo ancora la camera semibuia dove c'era il suo corpo bianco e freddo adagiato nella bara. Il suo carosello si era fermato troppo presto.

Anche gli interventi chirurgici erano decisamente poco raccomandabili. Quando mi ruppi una tibia, i tronconi non si stavano saldando a dovere e dovettero rioperarmi. Sen-

15

za anestesia. Ricordo ancora oggi il dolore di quell'intervento. Quando nel 1940 fui operato di appendicite (un'operazione che, a causa delle complicanze, durò due ore e mezza) mi diedero da respirare l'etere, per tutto il tempo. Non lo consiglio.

Le scarpe col buco

E poi c'erano dei vecchi mestieri oggi quasi scomparsi. Era normale, per esempio, usare le scarpe fino a consunzione, e quando si formavano dei buchi farle risuolare dal ciabattino. I vestiti li faceva a mano il sarto, non c'erano gli abiti già confezionati, in serie. Non di rado, quando erano ben usurati, si rivoltavano. Anch'io, durante la guerra, indossavo gli abiti di mio padre rivoltati. Ancora agli inizi degli anni Cinquanta, a Torino, sotto i portici c'erano dei bugigattoli dove alcune ragazze rammendavano le calze da donna. Perché quando le calze si smagliavano o si bucavano conveniva farle rammendare anziché comprarne un paio nuovo.

Ma agli inizi degli anni Settanta, mentre ero negli Stati Uniti per un lungo viaggio con una troupe televisiva, ho assistito a una scena surreale ed emblematica del cambiamento che era ormai avvenuto.

Periodicamente consegnavamo al servizio di lavanderia degli alberghi la nostra biancheria, ma un giorno il nostro tecnico delle luci fece una scoperta straordinaria: nei supermercati una confezione di tre mutande nuove costava meno del lavaggio di tre mutande vecchie!

Da allora, comprò solo mutande nuove, riempiendo una valigia di quelle usate, da lavare a casa...

In altre parole, le macchine erano diventate anche in questo più economiche delle mani. Un sorpasso che ha cambiato molte cose nella nostra vita, non solo per quanto riguarda le mutande.

Ma, a proposito di vecchi mestieri, c'è un ricordo che mi è rimasto impresso, malgrado sia passato tanto tempo, e che rivedo ancora oggi come se si trattasse di una scena di un film dell'orrore.

A San Maurizio Canavese, venti chilometri fuori Torino, dove spesso avevo occasione di andare, c'era una macellaia (una *maslera*) che possedeva un piccolo mattatoio personale. Si chiamava Antonietta. Sembrava un personaggio di un film di Fellini: era una donna gigantesca.

Un giorno andai a curiosare nel suo antro buio, e la vidi ammazzare un vitello. Gli diede da bere un po' d'acqua dentro un secchio, e mentre quello era chinato prese una grossa mazza e gli sferrò un colpo tremendo sulla testa. Il vitello stramazzò al suolo e Antonietta si avventò su di lui con un grosso coltello, sgozzandolo. Più tardi vidi la carcassa senza testa appesa a un gancio, mentre Antonietta arrotava i coltelli per farla a pezzi.

Vita in famiglia

Da piccolo ero un bambino normale. In una famiglia normale. Con un padre, Carlo, che di scienza se ne intendeva: dopo la laurea in Medicina aveva fatto il dottorato di ricerca a Parigi, con il famoso neurologo Joseph Babinski.

Era un uomo austero, con regole ben precise. Per esempio, a casa si cenava alle sette in punto e si andava a letto alle nove. Avevo una certa soggezione di lui. Mia madre Mary, invece, era una persona allegra e positiva, molto affettuosa. Credo di avere preso da lei l'ottimismo e il senso dell'umorismo che mi hanno accompagnato per tutta la vita.

E poi c'era mia sorella Sandra, che ha un anno più di me. Ancora oggi, pur abitando in città diverse, abbiamo mantenuto un rapporto stretto.

Non esisteva ovviamente la TV: si ascoltava la radio (l'EIAR), che trasmetteva canzonette italiane (i cantanti americani erano boicottati dal regime fascista) ma mandava in onda anche commedie, e la domenica il famoso programma "I quattro moschettieri", con il concorso di figurine che divenne un fenomeno dilagante. Anch'io feci la collezione, mangiando grandi quantità di formaggini per averne il maggior numero. A Torino, nella Galleria San Federico, la domenica mattina c'era una vera e propria folla impegnata a scambiarsi le figurine. La più rara era quella del "Feroce Saladino". Io ne avevo tre. Giocattoli ne avevamo pochi. Si ricevevano solo a Natale e per il compleanno. Non c'erano le torte con le candeline, e neppure le fotografie di famiglia; non era comune possedere una macchina fotografica. Proprio per questo non ho quasi fotografie della mia infanzia e della mia adolescenza (né della mia famiglia, tranne qualche raro scatto).

Come ho detto, si andava a dormire alle nove di sera. Non ricordo che ci sia mai stato un ricevimento a casa nostra. Mio padre si alzava alle sei la mattina per andare a piedi alla stazione di Ciriè-Lanzo (mezz'ora di cammino) e recarsi alla clinica psichiatrica che dirigeva a San Maurizio Canavese.

Di divertimenti non ce n'erano molti. Si giocava a pallone, con le cartelle per segnare le porte. Un giorno, però, accadde qualcosa di straordinario. Abitavamo poco distante dal palazzo della famiglia Agnelli, e quel giorno, come tanti altri, stavamo giocando proprio nel viale antistante, in corso Oporto (oggi corso Matteotti). A un certo punto vedemmo scendere una delle sorelle dell'Avvocato, non saprei dire quale, che ci chiese: "Volete giocare in un vero campo da calcio?". Rispondemmo di sì, naturalmente, e lei ci portò in un campetto con le porte vere, una piccola tribuna, e persino uno spogliatoio. Ma soprattutto ci diede da indossare delle maglie della Juventus! Ricordo quel giorno come un sogno. Eravamo già tifosi dei bianconeri, e quella maglia ci rese felici.

A proposito di tifo sportivo, devo ammettere che è facile essere tifosi della Juventus, una squadra che un anno sì e l'altro no vince il campionato. È molto più nobile essere tifosi del Torino, come lo era mio cognato Pier Carlo, una squadra che lotta coi denti per rimanere in serie A (e ogni tanto scende in serie B), che fa soffrire i suoi sostenitori, e che proprio per questo richiede tanta dedizione e tanto amore.

Allo stadio a vedere le partite, però, andavamo pochissime volte: non avevo un padre "sportivo".

La domenica pomeriggio si andava qualche volta al cinema. Ricordo di aver visto dei film prima ancora dell'arrivo del sonoro. Gli attori mimavano le scene, e ogni tanto appariva un cartello con brevi dialoghi. A quel punto, in platea si sentiva un mormorio: era la gente che leggeva a mezza voce le scritte anche per chi non sapeva leggere. Nei cinema era consentito fumare (e fumavano tutti!).

Non solo, ma non esistevano limitazioni all'ingresso: quando i posti erano esauriti la gente poteva comunque continuare a entrare, e si stipava, in piedi, nei corridoi laterali.

La cosa inconcepibile è che molti entravano quando il film era già in corso, e uscivano quando arrivavano al punto già visto. Quindi all'interno del cinema c'era un movimento di spettatori che si alzavano e attraversavano faticosamente la fila per uscire, mentre dall'altra parte c'era una competizione per infilarsi e raggiungere i posti liberi!

Oggi è difficile immaginare la giornata di un giovane senza telefonino, senza Internet, senza televisione, senza motorino, senza discoteche, e senza libertà di uscire.

La sera si restava in casa. Ma nessuno soffriva di frustrazioni: quello era il modo di vivere diffuso, non c'era nessuno da invidiare.

C'era però un bene prezioso, che non tutti avevano: la bicicletta.

Ricordo in proposito un episodio che mi colpì. Quando avevo 12-13 anni, spesso con alcuni compagni di scuola ci trovavamo in bicicletta sotto casa, e facevamo a ripetizione il giro intorno al caseggiato chiacchierando. C'erano anche delle ragazze, e ogni tanto si aggregava un compagno che, poverino, non aveva la bicicletta... E allora correva a piedi con noi all'interno del gruppo! Ogni tanto si fermava trafelato, per riprenderci poi il giro seguente...

Lo persi di vista durante la guerra (seppi poi che suo padre era morto in un campo di concentramento), ma ci ritrovammo, molti anni dopo, a Bucarest: era l'addetto culturale dell'Ambasciata italiana e mi invitò a tenere una conferenza. Si chiamava Gianfranco Silvestro.

Il tempo per pensare

Era un mondo diverso, certamente. Meno libertà, meno esperienze, meno occasioni di incontrare gente, di viaggiare. Meno soldi, naturalmente. Ma c'erano anche cose che oggi mancano.

Per esempio, il tempo per pensare. Il tempo per immaginare, riflettere. Ho l'impressione che oggi il tempo dei giovani sia molto compresso, per via di tutti gli stimoli che riempiono la giornata.

Ecco, forse una cosa che mi permetterei di consigliare a un giovane è di recuperare ogni tanto anche un po' di tempo libero, per pensare, immaginare, porsi domande e cercare risposte, magari a volte scrivendo qualcosa.

Ricordo che, quando ero al liceo D'Azeglio a Torino, spesso la sera andavo al cinema con un amico, e uscendo ci si accompagnava a casa a vicenda, avanti e indietro a piedi, parlando dei massimi sistemi, fino a tardi. L'infinito, il libero arbitrio, l'intelligenza, il determinismo, l'origine della vita erano gli argomenti di queste lunghe conversazioni, che ci stimolavano molto più dei goal della Juventus.

C'era anche un'altra cosa che oggi sento più rarefatta: la buona educazione, il rispetto per gli altri. Non sono reperti d'altri tempi, ma questioni attualissime: vanno dalle piccole cose (io ero stato abituato a scattare in piedi, sul tram, appena salivano persone anziane o signore) a quelle più importanti; dal rispetto per gli insegnanti alla correttezza nei comportamenti, a un linguaggio educato, anche quando c'è conflittualità (la mia maestra di pianoforte mi diceva: dita d'acciaio in guanti di velluto!).

E poi l'etica della frugalità. In tutto, non solo nel cibo.

È qualcosa che mi è rimasta dentro. Niente doveva andare sprecato, anche il più piccolo avanzo veniva ricucinato, magari in altro modo. Si risparmiava anche sulla luce (guai a lasciare la luce accesa da qualche parte!). In cucina c'era una lampada a carrucola: si alzava per illuminare la stanza e si abbassava per cucire e rammendare.

La notte, d'inverno, faceva freddo e si andava a dormire con la *bouillotte*, una borsa di gomma contenente acqua calda, per riscaldare i piedi.

Questo è il mondo che ho conosciuto nella mia adolescenza: un mondo diverso, non solo per le sue piccole o grandi scomodità: credo che all'epoca ci fosse un maggiore allenamento a adattarsi alle situazioni, ad accettare più facilmente le rinunce o, durante la guerra, le privazioni vere e proprie.

C'è una bella battuta, raccontatami dal professor Edoardo Amaldi, di origine piacentina, che riassume abbastanza bene questo atteggiamento: "A Piacenza, di quello che non c'è si fa senza!". Sintetizza bene lo spirito del tempo.

Con il professor Amaldi, che è stato uno dei più stretti collaboratori di Enrico Fermi nella scoperta della scissione dell'atomo, ebbi lunghe frequentazioni (per la realizzazione di un libro, lo intervistai per ben 12 ore!). Scoprii una persona straordinaria. Non solo come scienziato, ma come uomo. Un maestro di vita. Una di quelle persone che ti fanno dire: ci sono la mafia, la corruzione, la lottizzazione, l'evasione, la concussione, ma c'è anche Edoardo Amaldi.

Gli incontri con figure come Amaldi furono per me importanti, per accrescere il mio amore per la scienza, la sua etica e il valore della conoscenza.

Il volume dei "Perché?"

Forse una delle prime occasioni di avvicinarmi alla scienza la ebbi quando mi regalarono l'*Enciclopedia dei ragazzi*, dieci bei volumi con un mobiletto contenitore. Il mio volume preferito, il più consunto, era quello dei "Perché?".

Probabilmente lì è nato il piacere di capire tante cose, con spiegazioni semplici. E il piacere di capire è proprio uno dei segreti per essere attratti dalla scienza.

In fondo, è esattamente quello che ho poi cercato di fare nel mio lavoro: rispondere a dei perché, rendendo attraenti argomenti difficili attraverso spiegazioni semplici. La scienza è piena di cose straordinarie: per renderle interessanti, basta raccontarle nel modo giusto.

Alle elementari ero bravo. Ero il secondo della classe (con tanto di premio a fine anno). Il primo della classe era il contino Pier Vittorio Barbiellini Amidei. Debolino in ginnastica.

L'insegnante in quarta e quinta elementare era un prete, pur essendo una scuola laica. Si chiamava don Carlo Ughetti. Era basso e rotondetto. La sua veste nera aveva una serie interminabile di bottoni sul davanti. Mi sono sempre chiesto se li abbottonasse e sbottonasse tutti ogni volta che la indossava e la toglieva. Portava gli occhialini alla Cavour, e i suoi occhi erano così chiari e gelidi da incutere paura. Aveva un ottimo metodo di insegnamento: appena arrivati ci portava in palestra a fare ginnastica e ci faceva salire sulle pertiche, per calmare le esuberanze. Poi, tornati in classe, ci aspettava un componimento di italiano. Ogni giorno. Ma la cosa straordinaria, per l'epoca, erano gli esperimenti scientifici che il maestro Ughetti realizzava in classe. Portava lui stesso degli strumenti per spiegarci i vasi comunicanti, la produzione di gas idrogeno per elettrolisi, o per mostrarci il funzionamento di una pila, con la produzione di elettricità. Cose che certamente hanno lasciato un segno.

Davanti alla nostra scuola c'era una caserma di fanteria, e mi è sempre rimasta impressa un'immagine: a mezzogiorno, quando uscivamo, due soldati con un pentolone distribuivano la minestra ai poveretti in fila con i loro cucchiai e gavettini, che in realtà erano scatole di conserva svuotate, con un filo di ferro come manico. Li chiamavano "la brigata Cirio".

Nel corso degli anni, tranne poche eccezioni, non ho più avuto insegnanti capaci di far amare la loro materia. Il più delle volte le lezioni erano piatte e poco stimolanti. Mi sono annoiato molto, e studiavo il minimo necessario per la sopravvivenza.

L'unico altro insegnante che ancora emerge nei miei ricordi è il professor Vigliani, al liceo D'Azeglio. Insegnava latino e italiano ed era un personaggio speciale. A volte ricordava un po' il professor Aristogitone delle trasmissioni di Renzo Arbore.

Diceva: "Siete dei bucefali! Vi faccio percorrere carponi il pavimento facendo crocioni con la lingua!". Si divertiva a interrogarci a sorpresa. Un giorno io e il mio compagno di banco Gianfranco Allaria (il primo in ordine alfabetico), essendo stati interrogati la volta precedente, non avevamo studiato. Con un certo sadismo, il professor Vigliani tornò a interrogarci. "Allaria!" chiamò. "Voto: 3". Uno per quello che aveva saputo dire, uno per essere andato alla cattedra e uno per essere tornato al banco. "Angela! Voto: 2". Uno per andare e uno per tornare.

Alle volte mi chiedo se sarei oggi un buon insegnante. Forse, ma sarei probabilmente un insegnante fuori dalle regole. Credo che avrei dei problemi con i presidi, giustamente. Riguardando oggi, a distanza di anni, al tempo che ho dedicato agli studi, penso che avrei potuto imparare molte più cose, e con maggiore approfondimento, studiando in un altro modo.

Un esempio, ma significativo. A scuola, ancora oggi, si studiano le scienze, ma non la scienza. Cioè si impara matematica, chimica, biologia, scienze naturali, ma non si impara il metodo della scienza, la sua etica, il ruolo che ha nella società, nell'economia, nella cultura.

Non intendo dire che l'insegnamento non sia fatto bene (ho troppo rispetto per gli insegnanti, che fanno un lavoro difficile, spesso poco gratificante e poco pagato), e neppure che non siano utili quei famosi insegnamenti ripetitivi e astratti che a volte vengono messi sotto accusa, pagine e pagine a memoria, date, schemi, aoristi (ne ho recitati tanti): vanno bene per allenare la mente, in certi casi per inquadrare le conoscenze.

Dico solo che quando ho studiato io mancava un "pezzo" all'insegnamento, quello capace di trasformare l'istruzione in cultura. Anche una materia che potrebbe essere molto stimolante, la filosofia, cioè la storia del pensiero, era in realtà un catalogo di personaggi, con brevi riassunti delle loro opere (e delle relative date). Quasi un elenco di curriculum vitae, da imparare a memoria. Senza il piacere di entrare veramente nella testa dei filosofi, rendendoli vivi e attuali.

Ma soprattutto senza il piacere di "imparare a pensare". A me sembra che la scuola dovrebbe anche insegnare a ragionare. "Facendo" filosofia, insegnando a dibattere su un argomento partendo da posizioni opposte, stimolando la capacità di argomentare. Con contributi scritti. Ragionando anche su tutto quello che la scienza ha scoperto dopo i grandi filosofi, aprendo scenari e orizzonti ben diversi da quelli che si presentavano davanti agli occhi dei pensatori dei tempi passati.

Ricordo che un'estate, con un amico, "scoprimmo" il *Manuale* di Epitteto, un filosofo greco che invitava a cercare l'ottimismo attraverso il pessimismo. Ne discutevamo tantissimo, trovandolo anche particolarmente attuale nei suoi ragionamenti e nei suoi esempi. Ecco che, attraverso il suo testo, trovammo proprio il piacere di imparare a pensare.

Credo inoltre che si dovrebbe insegnare non solo una moderna filosofia della scienza, ma ancor più una "filosofia della tecnologia", per capire problemi fondamentali del nostro tempo, sui quali non veniamo aiutati a ragionare. Qui c'è un vuoto desolante.

Le società in cui viviamo stanno cambiando profondamente, ma l'insegnamento oggi è sempre rivolto in gran parte verso la cultura del passato: storia, letteratura, latino, greco, filosofia.

È ovvio che la cultura del passato sia molto importante, e dobbiamo farla vivere dentro di noi come una gemma preziosa, anche perché ci permette di capire meglio chi siamo oggi, ma è necessario che i giovani siano messi in grado di capire anche il loro tempo. Proprio per questo è necessario un progetto che offra ai giovani più portati a impegnarsi negli studi (sia degli ultimi anni di liceo che dell'università) cicli supplementari che li preparino a comprendere come funziona una società complessa, attraverso corsi intensivi con economisti, imprenditori, demografi, banchieri, sindacalisti, magistrati, oltre a esperti in robotica, intelligenza artificiale, comunicazione di massa, eccetera.

Un progetto impegnativo, che ho ora realizzato a Torino con una grande università, e che potrebbe, in ogni città, preparare in pochi anni migliaia di giovani, molti dei quali destinati a diventare classe dirigente. Ne riparlerò nell'ultima parte del libro.

II

Il 10 giugno eravamo in salotto...

La mia è una generazione che ha attraversato la Seconda guerra mondiale, con tutto ciò che questa ha significato: privazioni, fame, bombardamenti e rinunce.

Cinque anni vissuti così creano modi di vivere e di pensare molto diversi da quelli di oggi, e certamente hanno lasciato un segno. Ci si abitua a dare il giusto valore alle cose, a rinunciare a tanti piaceri della vita, si impara anche a essere più solidali nelle difficoltà. Personalmente, credo che quegli anni mi abbiano abituato a adattarmi più facilmente alla mancanza di agi o di beni materiali.

La cosa straordinaria è che la voglia di vivere vince sempre, anche nelle situazioni più drammatiche. Ed è quella che permette, malgrado tutti i problemi, di continuare ad andare avanti con fiducia e apprezzare le piccole gioie della quotidianità.

Il 10 giugno del 1940, quando l'Italia dichiarò guerra all'Inghilterra e alla Francia, lo ricordo bene. Ho ancora presente la scena: eravamo in salotto, con mia madre e mia sorella, per ascoltare alla radio il famoso discorso di Mussolini. Quando pronunciò la frase: "La dichiarazione di guerra è già stata consegnata agli ambasciatori di Gran Bretagna e di Francia...", mia madre si agitò moltissimo: aveva già vissuto il dramma della Prima guerra mondiale.

Non dovemmo aspettare molto per subire il primo bombardamento. La notte seguente, infatti, il silenzio fu improvvisamente squarciato da un forte boato. I miei si svegliarono di colpo. "È il tuono?" chiese mia madre. "No, è una bomba!" rispose mio padre, che aveva fatto la Guerra mondiale. Ci svegliarono e scendemmo tutti nell'androne, senza sapere cosa fare. Erano aerei francesi che, per ritorsione, avevano voluto subito darci un anticipo di quello che sarebbe seguito.

Il discorso di Mussolini finì con la famosa frase: "Vincere! E vinceremo!". Quella frase cominciò ad apparire sui muri, e divenne anche una canzone che spesso veniva trasmessa alla radio. Me la ricordo ancora perfettamente. "Vincere! Vincere! Vincere! E vinceremo in terra, in cielo e in mare! È la parola d'ordine d'una suprema volontà..." È con questa illusione che molti partirono, l'illusione di una guerra breve e vittoriosa. La Francia era ormai sconfitta e la Germania stava prevalendo ovunque. In realtà fu, come si sa, l'inizio di un tunnel lungo cinque anni, pieno di sangue e sofferenze. Per i giovani di quella generazione l'entrata in guerra dell'Italia volle dire lasciare la famiglia, il lavoro o gli studi e partire per il fronte. Ricordo una scena commovente: dalla caserma accanto a casa mia vidi uscire dei giovani soldati che marciavano in colonna, con l'equipaggiamento al completo: un padre si affiancò alla truppa in marcia per salutare un'ultima volta suo figlio, e riuscì a porgergli un fiasco di vino.

Le notizie dal fronte arrivavano attraverso il giornale radio. I notiziari si aprivano con i bollettini di guerra e con la frase: "Il quartier generale delle Forze Armate comunica". A quel punto, nei locali pubblici, bisognava alzarsi in piedi, per tutta la durata del bollettino.

Per rispetto verso i soldati che si trovavano al fronte non si poteva ballare, e vennero chiuse le sale da ballo. Per dar loro conforto nacquero le "madrine di guerra", cioè giovani studentesse che scrivevano lettere ai soldati che si trovavano in zona di combattimento. A mia sorella Sandra toccò un certo Montanari, un giovane di Pisa che stava partendo per la Russia. Venne a trovarci prima di partire. Non tornò mai più.

Con la guerra cominciò il razionamento dei generi alimentari e vennero distribuite le famose carte annonarie, con i vari tagliandi. Dai negozi era sparito tutto: zucchero, olio, carne, burro, pasta, anche le sigarette. Le dosi concesse erano minime. Per esempio, si potevano avere solo 150 grammi al giorno di un pane grigiastro e fradicio. Sapete cosa sono 150 grammi di pane (bagnato) al giorno? Fate la prova, pesandolo sul bilancino di casa. E dividetelo per i tre pasti...

A volte, guardando oggi la pubblicità in televisione, con le famiglie a tavola, intente a gustare prosciutti, tortellini, mortadelle, lasagne, panettoni di ogni sorta, mi viene ancora in mente la fame nera di quegli anni.

Ricordo che un giorno ci fu una gita scolastica all'Istituto di Agricoltura, a Torino, e quello che colpì noi tutti furono delle vetrine dove erano allineate, come in un museo, varie forme di pane bianco! Ci portarono poi in un'aula per una breve conferenza: l'esperto che parlava ci disse che bisognava mangiare a piccoli bocconi, e masticare a lungo, a lungo... "Ditelo anche ai vostri genitori" concluse.

La sera, a cena, ogni tanto trovavo nella minestra degli strani pezzetti di carta: era mia madre che, quando il burro era finito, faceva bollire nell'acqua anche la carta che lo conteneva, per sfruttarne le ultime molecole!

Quell'anno apparvero nelle aiuole e nei giardini degli orti di guerra dove si coltivavano soprattutto patate. Un giorno ci chiesero di portare nel cortile della scuola tutti gli oggetti di ferro che si trovavano in casa. Il paese aveva bisogno di ferro, per fabbricare cannoni e proiettili. Scomparvero anche le cancellate delle scuole e dei giardini.

E intanto cominciarono i veri bombardamenti.

In cantina con il thermos e il rosario

Le bombe cadevano veramente a caso. Non erano incursioni per colpire obiettivi militari o strategici: le bombe venivano sganciate sulla popolazione. Del resto lo si diceva apertamente, a quel tempo: bombardamenti "terroristici" per fiaccare il morale della popolazione. Le incursioni divennero sempre più frequenti e mortali. Eravamo svegliati di notte dall'urlo delle sirene. Ormai ci si era attrezzati: si scendeva in una cantina trasformata in rifugio, con coperte e thermos, e ci si sedeva su panche tutt'intorno. Il soffitto era stato puntellato con pali verticali.

Nel rifugio si sentivano le esplosioni cupe e sorde delle bombe, mentre le donne recitavano il rosario (cosa abbastanza lugubre in quella situazione).

Una notte decisi di sgattaiolare via e salire all'ultimo piano. Dalla finestra delle scale, lo spettacolo era straordinario: le esplosioni degli shrapnel sparati dalla contraerea, le pallottole traccianti, i fasci di luce che pennellavano il cielo, i bengala luminosi lanciati dagli aerei, le esplosioni delle bombe e gli incendi provocati dagli spezzoni incendiari.

A un certo punto esplose una bomba non lontana da casa nostra. Scesi rapidissimamente nel rifugio. Che si sarebbe comunque trasformato in una trappola, se l'edificio fosse crollato.

In molte piazze erano stati scavati dei cunicoli per rifugiarsi in caso di bombardamento di giorno. Forse erano quelli i rifugi più sicuri, perché o si veniva centrati in pieno da una bomba oppure non si correva il rischio che crollasse un palazzo sulla testa. In caso di allarme notturno, il mattino seguente non c'era scuola. Si andava in giro a vedere dove le bombe avevano colpito.

Durante un bombardamento, anche casa nostra fu colpita da uno spezzone incendiario, e le soffitte andarono a fuoco.

La notte in città l'oscuramento era totale: niente luci, per evitare che gli aerei avessero punti di riferimento, e c'erano gli addetti alla Protezione Antiaerea (UNPA) che giravano la sera per le strade. "Luce al secondo piano!" si sentiva gridare, e subito si udiva un rumore di avvolgibili. Le poche auto che circolavano avevano i fari oscurati e i parafanghi dipinti di bianco, per non essere totalmente invisibili.

Nelle sere senza luna, in città c'era un'oscurità impressionante, alla quale non siamo più abituati, oggi. Non si vedeva una persona a un metro. Era come essere in una stanza completamente buia. Ci si faceva luce con le torce "Miao miao" che non consumavano batterie perché azionate a mano.

Ma nel novembre del 1942 una serie di bombardamenti pesantissimi provocò tante vittime e, di conseguenza, un vero e proprio esodo da Torino. I mobili di casa nostra furono caricati su carri a cavallo e immagazzinati in una cascina (dove io andavo di nascosto a suonare il pianoforte, tra sofà e poltrone accatastate, ricoperti da lenzuola).

Tre anni tra i matti

La nostra famiglia si trasferì nella clinica di malattie nervose e mentali che mio padre dirigeva a San Maurizio Canavese.

Questa clinica aveva tre reparti: due erano per i pazienti definiti "agitati", uomini e donne colpiti perlopiù da gravi malattie croniche, e allora difficilmente curabili (come la sifilide quando alterava completamente le facoltà mentali); poi c'era un reparto per pazienti che invece avevano disturbi meno gravi o di tipo nervoso: depressioni, forme maniacali, oppure morfinomani in terapia di disintossicazione. Per loro (e per noi) c'era una grande sala con sofà, tavoli e un biliardo, un'altra sala con poltrone e un pianoforte dell'Ottocento, un campo per il gioco delle bocce, oltre agli scacchi, le carte e aree per passeggiare.

Rimanemmo nella clinica quasi tre anni. Fu un periodo molto particolare, anche per le ragioni che dirò in seguito. Intanto continuavo di giorno ad andare a Torino per frequentare la scuola. La città si svuotava di notte, poi di giorno tutto riprendeva quasi normalmente: la scuola, le fabbriche, gli uffici.

Il traffico dei pendolari era diventato improvvisamente così intenso che le carrozze ferroviarie non erano sufficienti, così si fece ricorso ai carri bestiame. Erano vagoni vuoti all'interno, destinati al trasporto di animali o di militari, usati nella Prima guerra mondiale: sulle fiancate era ancora presente la scritta CAVALLI 8, UOMINI 40. Si viaggiava in piedi con gli sportelli aperti. E al buio.

A partire dal 1943, però, alcuni licei aprirono sedi fuori Torino, come l'Alfieri, sfollato a Lanzo. E fu lì che mi recavo ogni giorno. Anche su quella linea si viaggiava su vagoni stracolmi. A volte attaccati al predellino, in certi casi tra i respingenti. Bravate dell'età.

A quell'epoca ero magrissimo. Il professore di scienze (che era in realtà un medico dell'ospedale di Lanzo) quando doveva spiegare lo scheletro mi prendeva come modello...

Avevamo un'insegnante di italiano e latino, la professoressa Casassa, che era molto giovane e, forse proprio per questo, molto severa: doveva farsi rispettare. Non ero tra i suoi favoriti, ma un giorno successe una cosa che mi fece salire in classifica. Il preside (un uomo con un'impressionante quantità di peli che gli uscivano "a cascata" dalle orecchie) invitò tutte le classi a recarsi ad assistere a un film educativo al posto della lezione. Noi, ovviamente, ne fummo felicissimi. La professoressa cercò di opporsi, eravamo indietro col programma. Acconsentì a una condizione: che scrivessimo un commento sul film. Quasi nessuno lo fece, ma quella volta mi impegnai e feci la mia relazione in latino! La professoressa si divertì moltissimo, la lesse in classe e per una volta (ma fu l'unica...) venni citato a esempio.

In quelle condizioni si studiava poco e male, con una scuola a singhiozzo, e con un clima che stimolava poco lo studio. Studiavo, come si dice oggi, il minimo sindacale (e a volte meno...). Diventai invece un bravissimo studente dopo, nella vita – un vero secchione –, perché ero molto motivato a farlo, passando le notti a leggere, scrivere, riassumere come per gli esami. Ricordo che quando ricevetti una laurea honoris causa in fisica dall'Università di Torino, con il rettore in ermellino, la *laudatio* e la mia *lectio magistralis*, dopo la cerimonia rividi dei vecchi compagni di liceo che erano venuti ad assistere. "Ma tu sei lo stesso Piero Angela o un extraterrestre?" Ridemmo insieme rievocando le interrogazioni a scuola e i vecchi professori. Seppi anche che la professoressa Casassa aveva insegnato fino alla pensione al liceo D'Azeglio, e che qualche volta mi citava, tanto le era rimasto impresso quel *commentarium* del film in latino. Mi sarebbe piaciuto rivederla e chiederle scusa per non essere stato un allievo diligente.

Nella vita ho imparato che, per ottenere il meglio dalle persone, bisogna riuscire a motivarle: nel caso dello studio, è fondamentale far scoprire quanto una materia possa essere interessante, andando oltre lo strato "duro", e raccontarla con un linguaggio stimolante e creativo.

È quello che i bravi insegnanti riescono a fare. Ed è quello che, in modo diverso, ho cercato di fare in tanti anni di divulgazione. In fondo, a pensarci bene, certe materie che a scuola vengono studiate per dovere (a volte con sofferenza), raccontate in televisione, per molti, sono diventate un piacere, e anche uno stimolo per approfondire determinati argomenti.

Gli ebrei finti malati

Dopo l'8 settembre 1943 cominciò il periodo più duro. A un certo punto la scuola divenne una caserma tedesca, quindi niente più lezioni. Poi i treni subirono continue interruzioni per la guerra partigiana.

In Piemonte cominciarono gli anni della Resistenza.

Mio padre, antifascista della prima ora (negli anni Venti scriveva articoli di fuoco contro Mussolini su un giornale che venne poi chiuso d'autorità), fu membro della Resistenza e divenne uno dei personaggi di riferimento di Giustizia e Libertà, il Partito d'Azione. Nella nostra casa di Torino si tenevano riunioni clandestine: l'appartamento si prestava perché aveva due uscite, una su corso Galileo Ferraris, l'altra su via Montecuccoli, con varie possibilità di fuga in caso di emergenza.

In quel periodo la persecuzione degli ebrei era diventata spietata. Era in corso una vera caccia all'uomo, con arresti e deportazioni, e chi li nascondeva era vittima di feroci rappresaglie.

Nella clinica di San Maurizio, mio padre accolse molti ebrei sotto falso nome e li istruì, insegnando loro come fingersi malati mentali. La cosa funzionò. In questo modo quegli uomini e donne si salvarono, anche se mio padre fu sospettato, interrogato, e a un certo punto sfuggì per un pelo alla fucilazione.

È una storia drammatica che è stata raccontata nei dettagli nel libro *Venti mesi*, edito da Sellerio e scritto da uno di questi ebrei, Renzo Segre (dai documenti falsi risultava il dottor Sagrato, nato a Potenza, oltre la linea del fronte), che conobbi bene, perché all'epoca avevo 16 anni. Era terrorizzato, e passò, con la moglie, quell'anno e mezzo nella continua angoscia di essere scoperto. Attraverso loro, capii la mostruosità delle persecuzioni.

C'erano molti altri ebrei nascosti: di alcuni conoscevo l'identità, di altri no'

Alla Liberazione, uno dei finti pazienti, un certo Egidio Lopresti, col quale giocavo a carte, mi disse: "Permette che mi presenti meglio? Levi...". Seppi anche di una signora Ottolenghi, che era rimasta nascosta nel reparto "agitate" con la complicità delle infermiere. E così pure un'altra signora ebrea. C'erano anche un Lattes, un Bachi e un giovane avvocato Levi che dopo qualche tempo, temendo di essere scoperto, partì per raggiungere le formazioni partigiane.

Va anche detto che questi ebrei avevano notevoli difficoltà a comunicare con i propri cari, nascosti da altre parti. Un giorno mio padre mi incaricò di andare a Torino, nello studio dell'avvocato Scaletta, che era nella rete della Resistenza, e che avrebbe potuto trasmettere alla famiglia un messaggio da parte di un ebreo "ricoverato" a San Maurizio, un certo Finzi.

Lo studio, ricordo, era in via Corte d'Appello. Salii al primo piano. La porta era aperta, ed entrai. Dal corridoio intravidi l'avvocato nel suo studio, contro il muro e con le mani alzate, e due SS che lo minacciavano con le armi.

Uscii in punta di piedi, senza essere visto. Penso che se mi avessero fermato e perquisito ci sarebbero stati problemi, e non solo per me.

Proprio in quel periodo avvenne un fatto drammatico: mio padre, che da tempo era nel mirino delle autorità per il suo passato, rischiò di essere giustiziato.

Un padre speciale

Il 10 febbraio del '44, in un attentato partigiano, venne ucciso il segretario del partito fascista del paese. Il giorno dopo arrivò da Torino una squadra comandata da un noto personaggio, il federale Giuseppe Solaro, con la missione di fucilare mio padre insieme ad altri antifascisti.

Quel giorno, tornando da scuola, notai un piccolo assembramento davanti alla clinica: gente immobile, in silenzio. Avvicinandomi, vidi stesi a terra tre cadaveri. C'era un milite fascista armato, e nessuno poteva avvicinarsi ai tre corpi: dovevano rimanere esposti come esempio della repressione.

Intorno si abbracciavano familiari e amici, in lacrime. I fucilati erano tre antifascisti del paese, tre brave persone, tra cui il segretario comunale.

Seppi solo dopo che anche mio padre avrebbe dovuto essere giustiziato, insieme a un suo fedele infermiere, Sante, che era stato prelevato a calci e pugni dalla clinica. Riuscirono miracolosamente a salvarsi all'ultimo momento grazie all'intervento di un ricoverato, il conte Carlo di Robilant, personaggio dell'alta nobiltà torinese ed ex fascista di rango, che conosceva bene Solaro e intervenne in loro favore, riuscendo a sottrarli alla fucilazione.

Mio padre era un uomo molto particolare. Alto, asciutto, con uno sguardo penetrante. Per capire il tipo di rapporto che avevo con lui bisogna tener presente la sua data di nascita: 1875! Era un contemporaneo di Garibaldi (che morì nel 1882), cioè un uomo nato e vissuto in una società completamente diversa dalla nostra, in un mondo ottocentesco in cui le relazioni tra padri e figli erano quelle che vediamo a volte nei film in costume.

Per di più, quando io nacqui, lui aveva già 54 anni. Fu quindi un padre certamente affettuoso e protettivo, ma con il quale non ho praticamente mai giocato, né scambiato confidenze. Un uomo immerso nel suo lavoro, con una vita frugale, senza fronzoli. Il suo divertimento era leggere Tacito e Tito Livio in latino (senza occhiali: non ha mai avuto bisogno in tutta la sua vita di un oculista o di un dentista). Vedeva ogni tanto qualche amico della Resistenza, in particolare Franco Antonicelli. Era molto impegnato in politica. Conservo ancora un volantino elettorale delle elezioni amministrative che si tennero a Torino nel 1946, in cui fu candidato per il Partito d'Azione, insieme a Ada Gobetti, vedova di Piero, Norberto Bobbio, Massimo Mila, Aldo Garosci. Ebbero pochissimi voti, e questo la dice lunga sull'Italia dell'epoca (che è poi anche l'Italia di oggi).

Morì quando io avevo solo vent'anni, cioè nel momento in cui avrei potuto cominciare a parlare veramente con lui. Nei rapporti con le persone, però, sono importanti non solo le parole, ma forse ancora di più i comportamenti, i fatti, gli esempi. Ed erano queste le parole non dette che mi ha trasmesso durante tutta la sua vita: onestà assoluta, senso del dovere, libertà di pensiero. E schiena dritta.

Un matto vero

Nella clinica, oltre a ebrei e antifascisti, c'erano naturalmente anche dei matti veri. E non si trovavano solo nel reparto "agitati", ma anche in quello in cui abitavamo noi. Per esempio, ce n'era uno, un certo Michelino, di una cinquantina d'anni, che viveva completamente nel suo mondo. Aveva continue allucinazioni in cui "vedeva" cose divertenti, e rideva sempre. Non era pericoloso. Un altro soffriva di mania religiosa. Ma anche lui era innocuo.

Ci fu però un episodio che mi colpì molto. Tra i pazienti c'era un giovane di circa venticinque anni, apparentemente normale, con il quale spesso giocavo a biliardo. Un giorno fu preso da una crisi violenta di aggressività. Minacciò gli altri pazienti usando una stecca come arma e cominciò a tirare le palle del biliardo. Tutti scapparono.

Mio padre in quel momento non c'era, e gli infermieri, per evitare di fargli male in una colluttazione, vennero a cercarmi, sapendo che ero in buoni rapporti con lui, chiedendomi di provare a calmarlo. Quando entrai nella sala del biliardo, ebbi l'impressione di entrare nella gabbia di un leone. Mi guardò torvo, ma senza attaccarmi. Io mi comportai come se nulla fosse accaduto, parlando del più e del meno. Dopo un po' cominciò a calmarsi: gli proposi allora di fare una partita a carte, in camera mia. Lo convinsi e andammo insieme nella camera dove io dormivo con mia madre e mia sorella. Ci sedemmo tra due letti, in una posizione in cui poteva muoversi con difficoltà. In quel momento la porta si spalancò e tre infermieri si precipitarono dentro coprendolo rapidamente con un lenzuolo, in modo che non potesse più colpire. Lo immobilizzarono e lo trasportarono nel reparto "agitati".

Mi sentii come un traditore!

Dopo una decina di giorni tornò nel nostro reparto, e provai un certo imbarazzo nell'incontrarlo: ma era tornato normale, e aveva evidentemente dimenticato quella crisi.

Questi tre anni tra persone che soffrivano di vari tipi di malattie mentali mi hanno fatto capire che la salute più importante è quella del cervello: è meglio essere costretti su una carrozzella anziché integri nel corpo, ma con la mente che non funziona.

Un aereo a bassissima quota

In quel periodo, San Maurizio conobbe un episodio di guerra forse unico: fu bombardata dai tedeschi! Di bombardamenti ne avevamo visti e affrontati tanti da parte degli angloamericani, con i quali eravamo in guerra; ma i tedeschi, in quel momento, erano formalmente alleati dell'Italia. Cos'era successo, quindi?

C'era stato un attentato all'aeroporto di Caselle, poco distante da San Maurizio. Due partigiani in motocicletta avevano sparato a un ufficiale tedesco, uccidendolo. Vi fu subito una mobilitazione e venne riferito che i due partigiani erano entrati in San Maurizio e non ne erano più usciti. Dal comando tedesco arrivò un ultimatum alla popolazione: o consegnate questi due attentatori entro le 13.30, oppure bombardiamo il paese! La notizia si sparse e tutti cominciarono ad agitarsi. I due partigiani non furono consegnati, e puntualmente alle 13.30 si alzò da Caselle un aereo militare. Io corsi a rifugiarmi in un avvallamento del terreno, dentro il "boschetto" della clinica, e vidi passare sopra la mia testa l'aereo a bassissima quota. Poco dopo, un'esplosione. Una bomba aveva colpito un edificio, uccidendo due persone. Una di queste la conoscevo: era un uomo allegro, che proprio pochi giorni prima avevo sentito suonare la fisarmonica.

La Liberazione

Quello della Liberazione fu un giorno indimenticabile. La fine di un incubo. Ma a San Maurizio accadde una cosa inquietante. Il 25 aprile i partigiani arrivarono in paese, occupando il Municipio e stabilendo dei posti di blocco. Mio padre, che apparteneva al Comitato di Liberazione Nazionale clandestino come esponente di Giustizia e Libertà, divenne il punto di riferimento.

Vennero issate le bandiere sui pennoni della piazza principale, la gente si abbracciava, gli ebrei si rivelarono, l'incubo sembrava finito. Si cominciava già a pensare alle lapidi in onore dei partigiani di San Maurizio caduti o fucilati. Ma a un certo punto i partigiani che erano di guardia al blocco stradale corsero da mio padre: era arrivata una colonna tedesca! E loro non erano certamente in grado di fermarla. Qualcuno suggerì di attaccarla con fiaschi incendiari colmi di benzina (le famigerate bombe Molotov); ma questo avrebbe voluto dire un massacro in paese.

Mio padre, assumendosi non pochi rischi, si recò a parlamentare con il comandante tedesco. Si arrivò a un accordo, una specie di armistizio: la colonna avrebbe potuto fermarsi una notte e un giorno: se non avesse attaccato, non sarebbe stata attaccata dalle "ingenti forze partigiane" che circondavano la zona (il che, ovviamente, non era vero).

E così, per un giorno, proprio il 1° maggio, San Maurizio si riempì di tedeschi armati, in attesa probabilmente di ricongiungersi con altre colonne in ritirata.

La mattina seguente ripartirono. E qualche giorno dopo vidi finalmente in lontananza ciò che tutti noi aspettavamo da tanto tempo: l'arrivo dei carri armati americani. Era la fine della guerra.

La felicità di quel momento è resa bene dal racconto che ne fa Renzo Segre nel già citato libro *Venti mesi*. Ed è una pagina molto bella, anche perché fu proprio in quell'occasione che mio padre poté finalmente rivelare a Segre un particolare agghiacciante che lo riguardava.

> Il paese è tutto illuminato e, dopo cinque anni di oscuramento parziale e parecchi giorni di oscuramento totale, non ci stanchiamo di ammirare l'abbondanza di illuminazione del paese. Tutti cercano del professore per festeggiarlo e io quando lo trovo lo abbraccio, come da figlio a padre, rinnovandogli l'espressione della mia imperitura gratitudine per tutto quello che ha fatto per me e per Nella.
> Ma le sorprese della giornata non sono ancora finite. Il professore mi invita nel suo studio e senza far parola mi porge un plico di carte. Apro e, allibendo, leggo di che si tratta: è tutta una istruttoria, del settembre scorso, dell'ufficio politico investigativo di via Asti a Torino, tristamente noto per la ferocia dei suoi componenti, fatta su di me.
> Resto sopraffatto dalla commozione. Nobile e caro professore!
> Ora che ogni pericolo è scomparso, mi può dire quello che, quando è avvenuto, vedendomi depresso e abbattuto, mi ha gelosamente nascosto, e cioè che io ero stato scoperto e che lui ha potuto prevenire l'arresto, recandosi di persona (dopo avere, pel caso troppo facile che non tornasse,

raccomandato alla moglie i giovani figli) nel covo dei boia a giurare e spergiurare che io non ero affatto la persona ricercata, che era ben certo della mia identità, conoscendomi da anni e offrendosi garante.

Era questa una carta disperata, essendo lui stesso fortemente indiziato e la sua andata a via Asti ben poteva essere senza ritorno, tanto più se, nel contempo, veniva eseguito anche il mio arresto e se io non potevo resistere agli interrogatori di quinto grado là in uso.

La sua tempestiva, fredda decisione, la temerarietà del suo intervento ha vinto: i biechi individui di via Asti non possono credere che vi possa essere in un uomo tanta nobiltà da sacrificarsi per un altro e, convinti, hanno archiviato il caso.

Commosso sino alle lacrime, abbraccio ancora il professore; senza parole, perché non ne trovo alcuna adeguata per dirgli la mia riconoscenza, la mia ammirazione.

Nell'anno 2000, dopo un'indagine che ha preso le mosse proprio da questo libro, Carlo Angela è stato onorato dallo Yad Vashem con il titolo di "Giusto tra le Nazioni". E oggi, nel Giardino dei Giusti, a Gerusalemme, c'è una targa con il suo nome. A Roma gli è stata dedicata una via.

Una fucilazione

C'è un ultimo episodio che riguarda il drammatico periodo della guerra, e che mi è rimasto impresso nel profondo.

Era passata più di una settimana dalla Liberazione, la vita stava riprendendo, era tornata la "normalità" (cosa preziosissima), quando si sparse la notizia che era stato catturato un "repubblichino" della "Nembo", un'unità fascista di paracadutisti specializzata in rastrellamenti che, nell'ultimo periodo, aveva una caserma proprio a San Maurizio.

Sembra che questo giovane fosse tornato a San Maurizio, in tuta, per riprendersi una valigia. Un'idiozia senza limiti!

Venne riconosciuto, immobilizzato, e a calci e pugni portato direttamente al cimitero per essere fucilato. Ci andai subito anch'io. E mentre il plotone di esecuzione già si preparava, sentii dentro di me qualcosa che si opponeva a questa uccisione. Si può uccidere "a caldo" in guerra, in un conflitto, per difendersi, per liberarsi da un oppressore, ma è lecito ammazzare una persona quando tutto ormai è finito, e quindi dovrebbero tornare a operare la legge e il diritto? Certo, chi ha combattuto la guerra partigiana e ha subito i rastrellamenti e le esecuzioni da parte di questi fascisti porta dentro di sé una rabbia e una sofferenza che spiega bene la voglia di ritorsione. Ma quali sono i limiti? Proprio in quei giorni il Comitato di Liberazione Nazionale aveva ordinato di sospendere le esecuzioni sommarie.

Andai dal capo della squadra partigiana, un uomo con una giacca scura e una mitraglietta Sten. Cercai di far rinviare l'esecuzione in attesa di capire meglio e poi decidere. Mi scansò. Quel giovane ebbe appena il tempo di gridare "Viva l'Italia!" che fu crivellato nella schiena da una raffica di pallottole. Cadde a terra e venne portato via mentre ancora aveva gli ultimi spasmi dell'agonia.

Era giusto così? Me lo sono sempre chiesto. In quel periodo furono tante le fucilazioni sommarie, ma i pesci grossi solitamente si erano ben organizzati per sparire e riemergere solo quando le acque si fossero calmate, rischiando solo pene detentive. E spesso neanche quelle.

Comunque, fu impressionante per me veder uccidere un uomo a sangue freddo, quali che siano state le sue colpe, e quella scena mi ritorna alla mente ogni volta che si dibatte sulla pena di morte.

Ho poi saputo con piacere, ma solo recentemente, grazie a un documento trovato negli archivi del Municipio, che anche mio padre aveva espresso parere negativo su quella fucilazione, ma a quel tempo le pallottole correvano più in fretta delle parole.

Questo e molti altri documenti di quel periodo sono stati raccolti dal figlio del partigiano che "fermò" la colonna tedesca, Franco Brunetta, che ha anche allestito un piccolo museo a San Maurizio.

III

La passione per il pianoforte

Alle elementari, il mio amico del cuore si chiamava Lodovico Lessona, e gli era stato dato quel nome in onore di Beethoven. Suo padre, un avvocato, era il critico musicale della "Gazzetta del Popolo" (mentre il bisnonno, il professor Michele Lessona, era stato il primo a far conoscere Darwin in Italia). La madre era pittrice, e da lei prendevo lezioni ogni settimana.

Con "Chico" e i suoi genitori andavamo spesso in bicicletta al castello di famiglia di Rivarossa, che aveva una bella torre risalente forse all'epoca del re Arduino. Salivamo di nascosto in cima alla torre, lungo una ripida scala di legno quasi marcita, appostandoci dietro la merlatura e inventandoci assedi eroici.

Al castello non c'era acqua corrente, e andavamo a tirarla su da un pozzo al villaggio. Giocavamo anche a croquet, e poi la sera ascoltavo Chico suonare Scarlatti.

Anch'io volli imparare a suonare. Fu così che i miei genitori comprarono un pianoforte. Purtroppo però successe quello che troppo spesso avviene: l'insegnamento era noioso e punitivo: scale, solfeggi, setticlavio. A un certo punto, quando arrivava la maestra, io e mia sorella Sandra (coinvolta anche lei in questa avventura) cominciammo a chiuderci in bagno. Fine delle lezioni.

Questo capitava alla maggior parte delle persone che studiavano musica per diletto (e ancora oggi è così). Ho conosciuto persino signorine che una volta arrivate al diploma hanno smesso di suonare!

L'errore di base è che a tutti viene insegnato il pianoforte allo stesso modo, come se tutti dovessero diventare concertisti. Fare musica per diletto è un'altra cosa: bisogna anzitutto rendere piacevole e gratificante lo studio, e poi fornire le basi, perché chi non ha ambizioni professionali possa divertirsi, da solo o con amici. Arrivando, magari, a creare musica lui stesso.

Fine delle lezioni, quindi.

Però il pianoforte, ormai, era stato comperato. E ripresi a suonarlo da solo. A modo mio. E cominciai a divertirmi. Mi impratichii suonando "a orecchio", senza spartiti, musiche di vario genere che sentivo alla radio.

Il colpo di fulmine fu l'arrivo della musica jazz nel dopoguerra. C'era una stazione americana che da Stoccarda, in Germania, ogni sera alle dieci trasmetteva un'ora di jazz. Con un amico eravamo tutt'orecchi, e scoprimmo così i grandi complessi e solisti dell'epoca.

Nel febbraio del 1948 arrivò a Nizza per la prima volta dall'America Louis Armstrong, con la sua famosa formazione di solisti. All'epoca per andare in Francia occorreva però un visto e una motivazione. Mi feci fare dal professor Quaranta del Conservatorio di Torino un certificato nel quale si diceva che "lo studente Piero Angela deve recarsi a Nizza per ragioni di studio". Ottenni il visto per tre giorni, e vissi un sogno a banane e datteri, viste le poche lire che avevo in tasca, frutto dei miei risparmi. Furono tre giorni fantastici, con l'emozione di vedere dal vivo non solo Louis Armstrong e Sidney Bechet, ma i solisti della famosa formazione "All Stars", in particolare il pianista Earl Hines.

Intanto avevo cominciato a comperare dischi a Parigi, inviando franchi francesi in una busta a un negozio specializzato, oltre che dando la caccia ai famosi V-Disc realizzati appositamente per le Forze Armate americane.

Grazie a quei dischi imparai a suonare sempre meglio, e diventai un buon pianista jazz. Addirittura vinsi una votazione, per il Piemonte, indetta dalla rivista "Musica Jazz". A quel punto ero davvero motivato, e ripresi a studiare seriamente. E tornai dalla mia maestra, che non credeva alle proprie orecchie. Preparai il quinto anno di pianoforte e diedi l'esame al Conservatorio. Diedi anche l'esame di armonia e cominciai a preparare l'ottavo anno con il *Clavicembalo ben temperato*, che mi appassionò moltissimo. Bach lo si capisce a fondo solo se lo si suona, scoprendo le straordinarie architetture delle sue note. Cominciai anche a comporre musiche per documentari: era un'occupazione che mi piaceva molto.

Intanto, sempre da amatore, ebbi occasione di suonare in alcune *jam sessions* con bravi jazzisti professionisti: Gianni Basso, Oscar Valdambrini, Dino Piana, Nunzio Rotondo, Franco Cerri, Nini Rosso e anche Rex Stewart, la tromba di Duke Ellington. Ma la musica era anche un modo per pagarsi le vacanze: con una piccola band, formata da studenti universitari di chimica, legge e medicina (io allora studiavo ingegneria), ci guadagnammo le ferie suonando d'estate al mare (con l'accordo contrattuale di poter ballare a turno...).

A volte qualcuno mi chiede cos'ha di speciale il jazz, da riuscire a esercitare una tale attrazione. È difficile dirlo. Molte cose, ma una in particolare: nel jazz, il musicista non è solo un esecutore, ma diventa un creativo, un compositore.

Nella musica classica i musicisti, anche i grandi solisti, non creano la loro musica, ma suonano uno spartito scritto da altri: lo "eseguono", come dice la parola. Certo, la tecnica e l'interpretazione possono essere di qualità somma (anche se negli spartiti l'interpretazione è già tutta indicata: crescendo, diminuendo, rallentando, fortissimo, pianissimo), ma il creativo, nella musica classica, è il compositore, non l'esecutore.

Nel jazz invece non solo il solista crea la sua musica improvvisando su un giro armonico, ma spesso compone il tema e gli arrangiamenti. È una cosa molto diversa, e immensamente gratificante.

Anche i grandi compositori del passato, in un certo senso, si divertivano a volte a fare quello che fanno i solisti jazz: improvvisavano su un giro armonico, con "variazioni sul tema". Lo facevano musicisti come Mozart, Beethoven, Chopin, Liszt, nei salotti. Magari anche chiedendo qualche nota ai presenti e improvvisandoci sopra.

Il jazz ha poi, per chi lo suona, altri aspetti positivi: spinge all'emulazione, e quindi allo studio, alla ricerca di perfezionamento, all'impegno. E permette di continuare a suonare per il proprio diletto lungo tutta la vita. Ognuno secondo le sue capacità: da semplice dilettante ad amatore di alto livello.

Jazz e musica classica hanno comunque una cosa in comune: sono praticamente esclusi dai programmi televisivi. Gli amatori sono pochi, e la legge dell'audience chiude loro la porta.

Fate musica

Un consiglio: fate musica, di qualsiasi tipo, ma fatela.

Lo consiglio soprattutto ai giovani che sentono di avere una predisposizione. Oggi si ascolta molta musica, ma se ne fa poca. Penso che le scuole, il sabato pomeriggio e la domenica mattina, dovrebbero mettere a disposizione degli studenti dei locali per fare musica insieme, di qualunque genere: jazz, classica, folk, cori alpini, eccetera. Nella seconda metà degli anni Novanta avevo cercato sponsor che mettessero a disposizione degli istituti scolastici strumenti musicali e maestri, purtroppo senza riuscirci. Anche l'allora ministro dell'Istruzione, Luigi Berlinguer, con il quale parlai del progetto, aveva combattuto molto per introdurre la musica nelle scuole, incontrando infinite difficoltà.

Per questo vorrei dire ai giovani: non aspettate che siano gli altri a fare le cose per voi, organizzatevi. Suonare insieme è divertente e anche educativo perché, specialmente nel jazz, si impara a essere al tempo stesso solisti e parte di un gruppo, conciliando individualismo e socialità. E poi, suonando con altri amatori, si conoscono persone di ogni ceto sociale. Anni fa, a Torino, c'era un famoso complesso jazz composto da un avvocato (sax tenore), un allevatore di vitelli (tromba), un assicuratore (vibrafono), un venditore di frutta e verdura al mercato (chitarra elettrica), un ingegnere (trombone a coulisse).

E poi, imparando a suonare, potrete anche comporre voi stessi musica, magari creando qualche canzone. In proposito vorrei raccontarvi una storia curiosa. Quando eravamo studenti, un giorno il mio amico Mario Pogliotti e io sentimmo alla radio un programma di Romano e Ricci (ricordo ancora i loro nomi) realizzato con i contributi degli ascoltatori. Ogni settimana c'era un tema conduttore, che quella volta era "Barba, capelli e baffi". Si potevano inviare sketch, poesie, canzoni.

Per divertirci, componemmo una canzone: io scrissi la musica, lui le parole, e mandammo il pezzo alla trasmissione. Finì regolarmente nel cestino.

Molti anni dopo, Mario (che diventò poi l'ideatore di grandi spettacoli televisivi, come "Non stop" e "La sberla", che lanciarono personaggi del calibro di Massimo Troisi e Carlo Verdone) ebbe occasione di conoscere Natalino Otto, allora vera star della canzone. Gli fece sentire il pezzo, che piacque molto. Natalino Otto lo mise in repertorio e lo incise perfino su un disco. Varie altre orchestre, a quell'epoca, lo adottarono. Più recentemente, anche Renzo Arbore lo ha suonato. È un peccato di gioventù...

Ma in quel periodo ebbi anche una notizia terribile: il mio caro amico Chico Lessona, che nel frattempo era diventato un grande concertista e girava il mondo, era morto in un incidente aereo in Bulgaria, mentre era in tournée con il suo trio.

Sentii quella morte come qualcosa di inaccettabile. Fu davvero un filo che si era spezzato per sempre.

Gli inizi alla RAI

Alla RAI cominciai a lavorare veramente per caso. All'epoca non avrei mai pensato di cambiare completamente strada e fare il mestiere che faccio attualmente.

Era la fine del 1951 (la televisione era di là da venire), e a Torino, tra gli appassionati di jazz, ce n'era uno, Gigi Marsico, che lavorava come radiocronista alla locale sede RAI (divenne poi un grande documentarista televisivo, vincendo anche un premio al Festival del Cinema di Cannes). Un giorno mi disse che stava preparando un programma sulla storia del jazz, e mi chiese se volevo collaborare. Ne uscirono due puntate molto creative, realizzate con una serie di trovate ingegnose, anche dal punto di vista tecnico. Collaborai in seguito (sempre come semplice amatore) a dei testi per servizi radiofonici. Era un'esperienza nuova e interessante.

In quegli anni la RAI si stava rinnovando, dando più spazio alle radiocronache, e Marsico mi spinse a partecipare a dei provini con il microfono. Gli dissi che non mi ritenevo adatto a quel lavoro, e gli consigliai quel mio amico molto bravo, all'ultimo anno di matematica, Mario Pogliotti. Solo dietro sua insistenza presi per la prima volta in mano un microfono.

Le prove andarono bene per entrambi. Poi ci furono delle esercitazioni sul campo, con un'auto attrezzata e un tecnico, per realizzare interviste e piccoli servizi non da trasmettere, ma da far valutare al caporedattore.

All'epoca, alcune registrazioni si facevano ancora su disco (!), e gli apparecchi di registrazione erano grandi come lavatrici. Per i registratori "portatili" le batterie pesavano 25 chili! (Erano sistemate nel retro della Giardinetta 600.) Alla fine fui ritenuto idoneo, in attesa di un'eventuale chiamata.

Il famoso uccellino

Un piccolo aneddoto che non ho mai raccontato. Quando entrai per la prima volta nello studiolo dove gli annunciatori leggevano la pubblicità ebbi un piccolo pizzico al cuore;

perché era proprio in quello studiolo che molti anni prima, nel 1945, accompagnavo mio padre per le sue trasmissioni. Infatti mio padre era stato incaricato di tenere brevi conversazioni settimanali alla radio su argomenti medici, che andavano in onda in diretta dopo il Giornale Radio. Fu veramente il primo divulgatore...

In quello studio c'era anche un oggetto diventato famoso, e che oggi si trova nel Museo della RAI, custodito sotto una teca di vetro: la scatoletta magica dell'uccellino (chi ha i capelli bianchi lo ricorda sicuramente). Era un congegno meccanico che imitava molto bene il canto dell'usignolo, con diverse variazioni. Scoprii che era non soltanto un modo per riempire gli intervalli, ma anche una tecnica per passare la linea a Roma: due cinguettii a Torino erano il segnale per commutare la linea; due cinguettii da Roma erano il segnale che tutto andava bene.

Durante l'estate, nel periodo delle ferie, ci fu l'opportunità di realizzare qualche piccolo servizio, e per la prima volta "andai in onda" nel Notiziario Piemontese. La cosa funzionò, e cominciai la gavetta collaborando, dapprima saltuariamente, per le rubriche locali, fino ad arrivare poi al mitico "Radiosera", sulla rete nazionale.

Sempre però come collaboratore free lance, senza alcun contratto. L'assunzione non era per me. In quel momento capii che era meglio essere, appunto, una "lancia libera" anziché chiedere favori o raccomandazioni. Per l'assunzione occorsero molti anni (cosa che accadde anche a Mario Pogliotti, mentre vedevamo le porte aprirsi per tanta altra gente).

Le questione della raccomandazione (pratica largamente diffusa anche in RAI) l'ho sempre vista non soltanto come una cosa scorretta, ma anche come uno svantaggio. Intanto perché è una forma di prevaricazione, un modo di barare al gioco, e poi perché toglie libertà all'individuo. Se infatti questo (grande) favore proviene da un politico, come spesso avviene, occorrerà essergli riconoscenti. E questa non è una bella situazione per un giornalista che vuol avere un minimo di indipendenza, e non sentirsi trillare il telefono...

Se ho fatto questo mestiere lo devo quindi a Gigi Marsico. Non soltanto mi ha spinto e aiutato, ma è stato il mio maestro. Da lui ho imparato la concisione, la chiarezza e il linguaggio radiofonico.
È stata la svolta della mia vita. Una svolta che però lasciava inevitabilmente fuori gli studi di ingegneria e quelli musicali.

Una regola che ho osservato

Devo dire che mi impegnai subito moltissimo in questo lavoro, per farlo nel migliore dei modi. E c'è una regola che ho osservato per tutta la vita professionale: mai accontentarsi di quello che sembra già buono; si può sempre fare meglio, sostituendo una frase, aggiungendo un esempio, riscrivendo l'inizio, a volte buttando via tutto e ricominciando da capo. Lo facevo nei miei primi servizi e lo faccio ancora oggi, per riuscire a essere chiaro e sintetico.

La capacità di essere autocritici è una grande risorsa. Per questo scrivo i miei testi a mano, perché scrivendo a mano è molto più facile inserire, tagliare, correggere, cancellare. I miei testi, soprattutto quelli dei libri, sono un groviglio di cancellazioni, rifacimenti e "fumetti" da inserire che da vent'anni Barbara Ferranti, copista eccezionale, riesce a decifrare, consegnandomi in un attimo una copia perfetta.

Ma soprattutto ho capito da subito che bisogna documentarsi bene, prima di scrivere qualunque cosa. In questo mestiere, che porta ad avere una visibilità così forte, non si può sbagliare: gli errori non vengono perdonati e rimangono incollati alla propria immagine come un cartellino.

Il consiglio che posso dare ai giovani è: nel vostro lavoro, qualunque esso sia, puntate all'eccellenza.

Si può sempre fare meglio: farsi venire un'idea nuova, leggere un libro in più, scoprire un nuovo dato, migliorare una presentazione. Non accontentatevi...

Queste cose mi sono state estremamente utili quando, molto più tardi, ho cominciato a fare divulgazione scientifica. Divulgare infatti vuol dire, in pratica, tradurre dall'italiano in italiano, dicendo le stesse cose in modo chiaro. Un lavoro non sempre facile perché per poter spiegare bisogna prima aver capito bene.

Anche qui non bisogna mai accontentarsi, ma cercare sempre l'esempio azzeccato, l'immagine illuminante, per mantenere il livello di attenzione e far arrivare meglio i concetti.

Una cosa interessante di cui mi sono accorto rapidamente è che tutti hanno bisogno di divulgazione, ma forse ancor più le persone colte. Infatti, se si parla di genetica a un avvocato, quanto ne sa? O di fisica a un critico letterario? O di biotecnologie a un filosofo? A meno che non siano informati per interesse personale, il loro livello è quello di un ragazzo di quindici anni (e forse meno), perché i loro ricordi liceali sono persi (o comunque obsoleti). Questo vale anche per i politici.

La cultura nel nostro paese è ancora soprattutto di tipo letterario, filosofico, giuridico, e il pensiero scientifico è molto emarginato. Ancor più lontano dalla nostra cultura è quella che io chiamo, come dicevo prima, la "filosofia della tecnologia", cioè la capacità di comprendere il ruolo cruciale che ha la tecnologia nello sviluppo sociale ed economico, e l'importanza di riuscire a governare i processi in modo consapevole e illuminato. Questo non sta avvenendo nel nostro paese.

"Questo giovanotto farà molta strada"

Torniamo alla nostra piccola redazione torinese. A un certo punto cominciò a collaborare anche Enzo Tortora. Nacque subito un legame di amicizia destinato a durare tutta la vita; con Gigi Marsico e Mario Pogliotti eravamo un gruppetto molto unito, e fu un periodo vissuto all'insegna di entusiasmo e creatività. Poi ognuno partì per la sua strada.

Ricordo, in proposito, che fu proprio Gigi Marsico a prestare lo smoking a Enzo per presentare uno spettacolo a Genova. Era il suo debutto, e andò talmente bene che un alto dirigente della RAI lì presente disse: "Questo giovanotto farà molta strada". Poco tempo dopo, Tortora partì per Roma.

Devo dire che Enzo era molto meglio di quanto apparisse in TV. Come presentatore lo trovavo (e glielo dicevo) troppo affettato, poco naturale, mentre nella realtà era brillante, colto, divertente.

Tortora e il testimone al di sopra di ogni sospetto

Naturalmente ebbi modo di seguire da vicino la sua incredibile vicenda, a casa della moglie Miranda e delle figlie, a Roma. Fu un periodo angosciante. E forse val la pena di aprire una piccola parentesi per raccontare un episodio (di cui ho diretta conoscenza) che fu determinante nel suo rinvio a giudizio, e che chiarisce bene di quale spirale di false accuse fu vittima. L'avvocato di Enzo, Raffaele Della Valle, dopo il primo interrogatorio in carcere ci disse che tutto era andato bene, e che la vicenda sembrava destinata a risolversi. Ma qualche giorno più tardi arrivò con una notizia sconcertante che ci raccontò accasciandosi su una poltrona: "Dicono che esiste un testimone, al di sopra di ogni sospetto, che l'ha visto scambiare droga con una valigetta piena di banconote". Era un'accusa gravissima e molto circostanziata. E fu uno degli elementi che fecero rinviare Enzo a giudizio.

Chi era questo personaggio "al di sopra di ogni sospetto"? Era in realtà un pittore che per farsi pubblicità aveva già dichiarato guerra agli Stati Uniti, aveva realizzato un francobollo con la sua effige e si era incatenato davanti all'ambasciata americana per far arrivare cronisti e telecamere.

Cosa disse esattamente ai magistrati? Raccontò che era stato invitato da una TV privata, Antenna 3, per assistere a uno spettacolo con il pubblico in studio. La moglie, a un certo punto, gli disse che le si era rotto l'elastico delle mutandine, e doveva trovare un luogo appartato per risolvere il problema. Il pittore (di cui non farò il nome per evitare ulteriore pubblicità) disse agli inquirenti che entrarono in un locale in cui non c'era nessuno: si trattava dello spazio sottostante la tribuna dove prendeva posto il pubblico. A quel punto, di nascosto, vide entrare Tortora con altri personaggi: Tortora aprì una valigetta piena di banconote, e dopo aver assaggiato una polverina bianca disse: "Va bene". E ci fu lo scambio.

Una scena vista in qualche film, che faceva acqua da tutte le parti.

Per verificare di persona, mi recai, insieme a Gigi Marsico e Mario Pogliotti, a vedere i luoghi in cui si sarebbe svolto il fatto. E scoprimmo che quel locale era in realtà un passaggio tra lo studio televisivo e il corridoio dove si trovava il bar. Tortora, a quel tempo, era il direttore dell'emittente, e aveva il suo ufficio in fondo al corridoio. Quindi, secondo questo racconto, Tortora e gli altri trafficanti di droga, anziché chiudersi a chiave nell'ufficio e fare lo scambio, sarebbero partiti tutti insieme per radunarsi in una zona aperta al passaggio di chiunque...

Sarebbe bastato un sopralluogo di un qualsiasi maresciallo dei carabinieri per capire che si trattava di una falsa testimonianza, totalmente inventata. E infatti il pittore, a un certo punto, ritrattò le proprie dichiarazioni, dicendo che non aveva visto bene...

Enzo definiva queste e altre accuse contro di lui (ce ne furono diverse, da parte di vari carcerati) un "concorso a premi" per trarre qualche vantaggio, un po' come avviene per i pentiti. Fu proprio questo insieme di false accuse che lo fece condannare a dieci anni di carcere!

Quando andai a trovarlo nel carcere di Bergamo, Enzo batteva ancora i pugni sul tavolo: "Io non sono innocente, sono estraneo!".

Solo tre anni dopo, in un nuovo processo, venne assolto con formula piena.

Sfiorato dalla Mole Antonelliana in caduta libera

Il 23 maggio del 1953 fu una giornata che non dimenticherò mai: la Mole Antonelliana quasi mi cadde sulla testa! La Mole è proprio adiacente alla vecchia sede RAI di via Montebello, a Torino, separata solo da un piccolo cortiletto. Quel giorno di maggio il cielo era plumbeo, con violente raffiche di vento. A un certo punto tutto divenne buio, come se fosse improvvisamente scesa la notte, e sentimmo un boato enorme. Le finestre sbatterono, sembrava l'esplosione di una bomba. All'inizio non si capì bene cosa fosse successo.

Lungo le scale cominciò un fuggi fuggi generale, con gente che gridava e correva. Ricordo ancora il povero maestro Pasero che, con le sue stampelle, scendeva i gradini con molta difficoltà, mentre altri lo superavano di corsa, verso l'uscita.

Mi affacciai alla finestra per capire a cosa era dovuto quel boato: ma vidi solo una spessa nube di polvere biancastra.

Cos'era successo? Gran parte della guglia della Mole (47 metri, l'equivalente di più di quindici piani!) si era staccata di colpo, con tutti i suoi tempietti e le sue colonnine, ed era caduta verticalmente nel cortile della RAI. Il nostro ufficio, all'ultimo piano, si affacciava proprio verso la Mole, e mi resi conto che ero stato letteralmente sfiorato da quell'enorme massa in caduta libera. Al piano sottostante l'annunciatrice Vera Larsimont, che stava guardando attraverso una portafinestra, vide scendere quell'enorme massa. Lei pure fu sfiorata dalla guglia, che distrusse in parte il balcone.

Nessuno si fece male, il che fu considerato un miracolo. Ci vollero anni per ricostruire la parte crollata, e in quel lungo periodo la Mole Antonelliana, simbolo di Torino, rimase mozzata a metà.

Fu ricostruita, ma oggi è più bassa dell'originale, di parecchi metri.

Una terribile bugia

Proprio in quel periodo ebbi un incontro che mi segnò molto e che, diversi anni dopo, costituì lo spunto per un programma televisivo. Una storia commovente, che mi fece anche riflettere.

Nella mia classe delle elementari c'era un bambino estremamente sensibile, Attilio, che noi compagni chiamavamo Lio. Veniva spesso a giocare in casa da noi, e mia madre lo prese sotto la sua ala. Lio, infatti, non viveva con i genitori, ma con degli zii a Torino. Suo padre era un capitano di lungo corso a Savona e la madre era mancata da poco, giovane. Ma a Lio, "per non traumatizzarlo", dissero che la mamma era partita per un lungo viaggio. Una bugia pietosa, ma terribilmente sbagliata. Lio visse questa assenza della madre come un abbandono. Aspettava ogni giorno il suo ritorno. Di notte piangeva in solitudine.

Poi Lio partì e non lo vidi più. Quindici anni dopo tornò a trovarmi, vestito da prete! Mia madre lo scambiò per un sacerdote venuto per qualche tipo di benedizione, ma poi riconobbe quel bambino che veniva a giocare a casa nostra, e al quale aveva cercato di dare affetto.

Ci spiegò che era diventato missionario salesiano e stava partendo per il Giappone. Vi rimase per quasi trent'anni. Ogni tanto ci scrivevamo. Un giorno ricevetti una lettera nella quale diceva che era stato trasferito in una nuova missione: una piccola e poverissima isola delle Bahamas.

In occasione di un viaggio negli Stati Uniti, andai a trovarlo. Era davvero un luogo diseredato. C'era con me una troupe televisiva, e chiesi a Lio di raccontare la sua storia, per un programma che stavo preparando sulle bugie.

Il racconto fu molto commovente, e mentre parlava gli occhi gli si riempirono ancora di lacrime. Dopo oltre sessant'anni.

Nella piccola chiesa della missione ascoltai la messa e il sermone. Il tema era la redenzione. Per illustrarlo a un pubblico che era andato molto poco a scuola, ricorse a una trovata: disegnò su un cartone bianco alto circa 80 centimetri la sagoma di un uomo. Spiegò che l'uomo, a un certo punto del suo cammino, aveva perso la grazia di Dio. Prese allora un paio di grosse forbici e tagliò in due la sagoma. Ma con l'arrivo di Gesù e il suo sacrificio sulla croce, disse, l'uomo fu redento, e tornò a essere un uomo intero. A questo punto, prese i due pezzi del cartone e li riattaccò insieme con una spillatrice!

Una dimostrazione che forse sarebbe molto piaciuta al nostro vecchio maestro, don Ughetti.

IV

Vivere tredici anni all'estero

In un giorno di aprile del 1955, ricevetti una telefonata destinata a cambiare la mia vita.

Mi chiamò da Roma il capo delle radiocronache, Carlo Bonciani, che aveva molta simpatia per il nostro gruppetto torinese, e mi chiese se volevo andare a Parigi per qualche mese per una sostituzione. Ovviamente risposi di sì.

Quei pochi mesi in realtà diventarono nove anni! E poi altri quattro a Bruxelles (e in giro per l'Europa). Fu un vero cambiamento, per la mia vita.

Rivisti a distanza di tempo, mi rendo conto di quanto quei tredici anni passati all'estero siano stati fondamentali per la mia formazione, sia culturale che professionale.

È stato come entrare in un mondo nuovo, che allarga gli orizzonti e arricchisce la mente, soprattutto quella di un giovane che arriva con il desiderio di conoscere e di capire.

Consiglio a tutti di vivere un po' di anni lontani dal proprio paese. Non si imparano soltanto le lingue, ma si scoprono tante cose preziose: per esempio che, fuori dall'Italia, la furbizia non funziona (anzi), che il merito viene riconosciuto, che si rispettano le regole elementari della vita civile, che un divieto è un divieto, che la Pubblica Amministrazione funziona meglio, che non c'è bisogno di raccomandazioni per ottenere quello cui si ha diritto, che c'è puntualità, e non solo nei trasporti pubblici, che non si trova immondizia per strada, eccetera.

Non è soltanto un modo per vivere meglio, ma è l'espressione di una mentalità, di una cultura più rispettosa nei confronti del prossimo. Nel nostro paese prevale la tendenza a pensare a se stessi, e ad avere scarso interesse (e rispetto) per gli altri e per il bene pubblico.

Chi torna in Italia dopo aver vissuto qualche anno in Nord Europa o in Nord America si sente a disagio nel ritrovarsi in un paese dove la furbizia paga, il merito non viene riconosciuto, non si rispettano le regole elementari della vita civile, la Pubblica Amministrazione funziona male, è necessaria una raccomandazione per ottenere quello cui si ha diritto, le strade sono invase dall'immondizia. E si capisce meglio anche quali sono i valori da ripristinare nella vita pubblica.

Una società non è soltanto la somma di tanti individui, ma consiste soprattutto nella rete di relazioni tra tutte le sue parti. Il nostro paese è pieno di menti intelligenti, ma manca di un'intelligenza di sistema.

Una cultura diffusa

All'epoca, quello che a Parigi mi colpì immediatamente fu il diverso tipo di cultura diffusa, che permeava un po' tutti gli aspetti della vita. Già parlando con le persone, anche le più semplici, si sentiva una proprietà nell'esprimersi che in Italia a quel tempo non esisteva. E questo era ancor più vero per il linguaggio politico.

Ricordo ancora la prima conferenza stampa alla quale assistetti, dell'allora presidente del Consiglio Edgar Faure. Abituato com'ero al modo di comunicare dei politici italiani, così "ufficiale", scoprii un uomo cordiale, simpatico, che diceva le cose in modo diretto, senza giri criptici, pronto alla battuta, e che dialogava con i giornalisti attorno a un tavolo come si può fare in una riunione tra amici.

Era un linguaggio che in realtà rifletteva la diversa storia del paese: in Italia era il riflesso di una società ancora contadina, con una barriera tra la gente comune e l'"autorità", che parlava a se stessa, senza preoccuparsi di farsi capire.

Anche le notizie alla radio erano date in modo molto più colloquiale; un'emittente privata, Europe n° 1, ospitava addirittura in studio un piccolo gruppo di ascoltatori che chiedevano chiarimenti sulle notizie appena andate in onda.

Un altro aspetto rivelatore di questa diversa cultura era il fatto che in Francia non ci si rivolgeva a qualcuno chiamandolo "dottore": il dottore è il medico, gli altri sono tutti *monsieur*. Solo in casi particolari si utilizza il loro titolo professionale.

Anche il teatro era l'espressione di un diverso modo di scrivere e di recitare. Gli autori, nelle commedie come nei drammi, usavano un linguaggio diretto, efficace, raccontando storie intelligenti, moderne, recitate da attori che non salivano mai sopra le righe. Un teatro senza toni retorici, più parlato che recitato, e proprio per questo più vero e avvincente.

La televisione rifletteva questa diversa cultura, tanto nei telegiornali quanto nei programmi di intrattenimento. Una delle trasmissioni di maggior successo dell'epoca era "Lectures pour tous", dedicata ai libri in uscita, che andava in onda in seconda serata. I due conduttori erano decisamente bravi, ma ad affascinare erano soprattutto gli scrittori invitati. Anche qui il linguaggio era molto colloquiale, spesso spiritoso, lontano da quello più paludato dei programmi RAI dell'epoca, ed era un'occasione per ragionare su tanti argomenti. Il più delle volte gli autori erano personaggi con una storia personale particolare, e i libri raccontavano eventi di grande interesse vissuti in prima persona.

Lasciare l'Italia

Andare a lavorare all'estero negli anni Cinquanta era molto diverso da oggi. Era un po' come andare in un altro continente. Nel senso che i rapporti con la famiglia diventavano veramente rarefatti. Ci si rivedeva una volta l'anno, durante le vacanze estive (con viaggi in macchina lunghissimi: non c'era un metro di autostrada, e neppure circonvallazioni; bisognava attraversare continuamente villaggi e città!). Tutto era più caro, anche il telefono (ogni tre minuti il costo raddoppiava, così, qualche istante prima, la voce di una signorina chiedeva: "Raddoppia?"). Ci si scriveva. Una volta alla settimana, la domenica.

Fu proprio per questo che con Margherita decidemmo di sposarci. Lei aveva solo 19 anni, e fu una decisione presa con il cuore, più che con la testa.

Margherita era alla Scala di Milano, e aveva un grande talento e una fortissima vocazione per la danza: una carriera che richiedeva però dedizione totale. Se avessimo agito razionalmente, non avremmo dovuto sposarci. Ma pensammo che, se fossimo rimasti lei a Milano e io a Parigi, difficilmente avremmo potuto vivere insieme: sarebbe stata una separazione più o meno definitiva.

La decisione non la prendemmo noi, ma quella strana cosa che hai dentro e che ti fa agire a volte in modo non razionale, ma bellissimo. Quella stessa cosa che già ci aveva stregati al primo sguardo, durante una festa di compleanno in casa di amici comuni.

Fu lei a compiere il sacrificio più grande: lasciare tutto e partire con me. I figli arrivarono molto presto: prima Christine e poi Alberto.

E sperimentammo cosa vuol dire allevare dei piccoli senza l'aiuto di nonne, zie o amici, in una città allora non particolarmente amichevole.

Un'esperienza che però crea legami profondi. E devo veramente a lei, ai suoi stimoli, alla sua intelligenza, e all'avermi risolto sempre ogni genere di problema, ciò che sono riuscito a fare in tutti questi anni.

Gli spigoli di Parigi

Parigi aveva, naturalmente, anche un altro volto, meno gradevole: quello della vita quotidiana. Non era facile per gli stranieri "legare" con i parigini. C'era una spigolosità alla quale non eravamo abituati. Rapporti formali, e basta.

Persino i francesi di provincia avevano questa sensazione nei confronti degli abitanti della capitale. E infatti i nostri amici erano quasi tutti stranieri, in particolare svedesi e belgi. Spesso i contatti, pure se formalmente ineccepibili, erano davvero irritanti, a causa di quell'atteggiamento di sopportazione e di mancanza di cortesia che faceva innervosire. Naturalmente con le debite (e a volte straordinarie) eccezioni.

Negli anni Cinquanta gli italiani che vivevano a Parigi erano molto diversi da quelli di oggi: erano soprattutto piccoli commercianti, negozianti di frutta e verdura o di altri generi alimentari, parrucchieri, muratori che si erano messi in proprio, operai nell'industria. C'era anche qualche personaggio pittoresco, come un gigantesco veneto che incontrai davanti a un night club di Pigalle, vestito in divisa con galloni e alamari per accogliere i clienti.

Mi disse che era stato un pugile, ma che non aveva fatto una grande carriera. "Dottore, io ero un buono, mi spiaceva fare male ai miei avversari, e così ho finito per prendere un sacco di botte." Mi raccontò che grazie al suo fisico fu scelto come modello per le due grandi statue che si trovano oggi sulla parte frontale del Palais de Chaillot, proprio davanti alla Torre Eiffel.

In quegli anni gli emigranti italiani arrivavano ancora in buon numero. Ricordo che alla fine degli anni Cinquanta la Renault aprì un nuovo stabilimento per la produzione di automobili, e dalle varie regioni della Penisola, non solo dal Sud, arrivarono oltre 700 italiani. E ci furono problemi. La Renault, in vista di quegli arrivi, costruì degli alloggi in un villaggio non distante dagli stabilimenti di Boulogne-Billancourt, con un sistema di pullman per trasportare avanti e indietro gli operai. Il fatto è che questo villaggio, di 1500 abitanti, si trovò di colpo a ospitare 700 maschi solitari, con un solo caffè-biliardo... Le ragazze sparirono, blindate in casa, e la popolazione inveì contro questi italiani, che avevano sconvolto la loro vita "rubando" case e posti di lavoro, mentre il parroco nelle sue prediche cercava di calmare gli animi spiegando che gli italiani non erano Unni!

Un déjà-vu che oggi ci ricorda qualcosa...

Cercar casa

A Parigi cominciammo ovviamente a cercar casa: un piccolo appartamento ammobiliato. Dopo alcune esperienze non troppo felici, trovammo una sistemazione in un posto magnifico: un palazzo di lusso in avenue Georges Mandel, uno dei quartieri più eleganti della città. In realtà eravamo ospiti di un ricco signore che aveva trasformato un'ala della sua grande casa in un piccolo appartamento. Era un personaggio particolare. Negli anni Venti si era dilettato con la caccia grossa in Africa, e mi disse che era stato il primo a catturare vivo un rinoceronte. Non so se fosse vero, comunque aveva dei begli oggetti d'arte africani, e me ne regalò alcuni.

Parlando in seguito con lui scoprii che non era affatto ricco: anzi, era sul lastrico. E mi raccontò quello che gli era successo. Semplicemente, aveva garantito un grosso prestito che una banca aveva fatto a un suo amico, ipotecando il proprio appartamento. L'amico era fallito, e ora la banca gli avrebbe portato via la casa!

Dopo una vita agiata, sarebbe andato a vivere con la moglie in una soffitta. Mi disse: "Non faccia mai l'errore che ho fatto io". Fu costretto a vendere quasi tutti i mobili, e mi chiese se ero interessato a comprarne. Proprio in quei giorni ci accorgemmo, con Margherita, che c'era un dono fantastico in arrivo: la nascita di Christine. Era giunto il momento di avere una casa normale: la trovammo a Saint-Cloud, in un'altura oltre la Senna. Un appartamento in affitto da ammobiliare.

Comprammo quindi diversi mobili (che in parte ancora abbiamo) dal nostro sfortunato conoscente: tra questi, un magnifico pianoforte a coda Pleyel. Finalmente, avrei potuto ricominciare a suonare.

Qui Parigi, vi parla...

Naturalmente il mio lavoro quotidiano riguardava soprattutto la cronaca politica: la Francia stava attraversando in quegli anni una grave crisi, legata in gran parte alla guerra d'Algeria, con momenti drammatici che scossero dalle fondamenta un sistema politico parcellizzato e paralizzato, che collassò con il ritorno al potere di De Gaulle.

Quasi ogni giorno giravo un servizio per il Telegiornale, ma allora non esistevano i collegamenti diretti come oggi, quindi filmavamo il servizio alla fine della mattinata, poi di corsa si portava la pellicola all'aeroporto di Orly, dove alle 13 partiva un volo per Roma. Un addetto dell'Alitalia cortesemente la portava in cabina, e a Fiumicino un corriere della RAI la recuperava e con la massima velocità possibile la consegnava al laboratorio di sviluppo. Da lì passava al montaggio e, infine, alla messa in onda.

Ma, cronaca politica a parte, Parigi era una miniera di eventi e soprattutto di personaggi. Era una grande capitale internazionale, una città viva, piena di donne e uomini famosi in ogni campo, dalla letteratura al cinema, dalla moda al teatro, dal balletto alla pittura.

Ricordo che la mia prima intervista fu con l'indimenticabile Gérard Philipe, un attore bravo e bellissimo, molto amato dalle signore. Quando lo incontrai, stava girando un film di carattere sociale. Morì molto giovane e divenne un mito.

Uno dei personaggi che vedevo più spesso era Jean Cocteau, un raffinato intellettuale: letterato, autore teatrale, disegnatore, critico d'arte. Abitava in un piccolo appartamento dietro i giardini del Palais-Royal, e mi riceveva in cucina, dove c'era sulla credenza una sua fotografia vestito da papa. Aveva sempre una visione piuttosto originale degli avvenimenti culturali. Era stato amico di tutti i grandi pittori contemporanei e mi disse che sarebbe stato in grado di riconoscere ognuno di loro semplicemente grazie a una "X" tracciata su un foglio di carta.

E poi Marc Chagall, che ebbi modo di intervistare quando dipinse il soffitto dell'Opéra Garnier di Parigi con i suoi personaggi volanti in uno stile inconfondibile. Ci furono malumori da parte di chi trovava di pessimo gusto accostare un pittore moderno a un ambiente ottocentesco, tutto "rosso e oro". Ed effettivamente l'accostamento fa una certa impressione.

Andai qualche volta a trovare Yves Montand, che abitava allora in place Dauphine, dietro il famoso Quai des Orfèvres, sede della polizia parigina che ispirò i film del commissario Maigret. In salotto aveva un teatro dei burattini con il sipario chiuso: aprendolo, compariva il televisore... Mi raccontava degli esordi e della sua famiglia di origine italiana (si chiama in realtà Ivo Livi).

Ebbi soprattutto l'emozione di incontrare il mitico Jean Gabin: era esattamente quello che abbiamo visto nei film, con quello sguardo penetrante e le labbra sottili, che non si aprivano mai a un sorriso.

In quel periodo conobbi anche un giovane danzatore e coreografo, che aveva messo in scena uno spettacolo di cui era il solo protagonista. Si intitolava *Symphonie pour un homme seul*. Quel giovane era destinato a un successo mondiale: si chiamava Maurice Béjart, uno dei più creativi coreografi contemporanei.

E poi tanti scrittori e scrittrici. E, in occasione di un premio letterario, con uno scrittore ebbi un'esperienza molto particolare.

A Parigi viene assegnato quello che scrittori e case editrici considerano il premio letterario più importante: il Prix Goncourt. Chi lo vince si vede assicurate grande fama e alte tirature.

L'edizione del 1962 fu vinta da Anna Langfus con il romanzo *Les bagages de sable* ("I bagagli di sabbia"; *L'estranea* nell'edizione italiana edita da Feltrinelli). Anna Langfus era un'ebrea di origine polacca. Mi raccontò che aveva un debito di riconoscenza verso un ufficiale italiano, che lei credeva morto durante la guerra, che l'aveva salvata a Leopoli,

in Polonia, mettendola su un treno e permettendole così di sfuggire alle persecuzioni naziste.
Spedii a Roma il servizio, che andò in onda nell'edizione della sera. Quell'ufficiale in realtà era vivo e vegeto, e abitava a Bologna. Vide il filmato e sentì pronunciare il proprio nome: ricordava perfettamente la vicenda e rimase molto sorpreso che quella ragazza semplice avesse vinto il Prix Goncourt. Telefonò al Telegiornale spiegando che non era morto, e che avrebbe voluto l'indirizzo per riprendere contatto. Il caporedattore del Telegiornale mi chiamò, e organizzammo subito un collegamento diretto in Duplex durante il Telegiornale, in modo che ognuno vedesse l'altro.
L'incontro, a distanza di quasi vent'anni, fu commovente. E per un istante riapparvero i fantasmi della guerra e delle persecuzioni.

Il primo, emozionante collegamento con l'America

Quelli erano gli anni in cui era diventato possibile una specie di miracolo, cioè riuscire a "vedersi" da un paese all'altro. Ed era stupefacente accendere uno schermo e vedere della gente che in quel preciso momento stava prendendo un tè a Londra, o camminando a New York. Era davvero la realizzazione dello specchio magico dei romanzi di fantascienza. Oggi sembra banale, ma a pensarci bene è una cosa fantastica: proviamo a immaginare come avrebbe reagito Leonardo da Vinci assistendo a una cosa del genere...
Devo dire che anch'io provai una vera emozione quando, nel 1962, andò in onda la prima trasmissione in Mondovisione: Alberto aveva pochi mesi, e lo piazzai davanti al televisore dicendogli: "Ecco, questa è la nuova era che vedrai tu". Un'era in cui il mondo sarebbe diventato molto più piccolo, tutto interconnesso e globalizzato. Per la prima volta si vedeva l'America in diretta: il lungo viaggio di Cristoforo Colombo, ora, poteva essere compiuto dalle immagini in una frazione di secondo.

Chi ideò la trasmissione ebbe, a mio avviso, un'idea geniale: un collegamento diretto con lo Yankee Stadium di New York, mentre era in corso una partita di baseball: a un certo punto lo speaker dello stadio annunciò agli spettatori che erano in collegamento diretto con l'Europa. Ci fu una immensa ovazione, la gente si alzò in piedi, sventolando braccia e fazzoletti, salutando la terra da cui era emigrata tanti anni prima. Una specie di abbraccio commovente che improvvisamente annullava tutte le distanze. Fu un momento davvero emozionante.

Come sposare tre principesse

La RAI trasmetteva sovente programmi in Eurovisione, proprio per il fascino esercitato dalla possibilità di poter seguire in diretta eventi che avevano luogo in altri paesi. Molti di questi avvenimenti ebbi l'occasione di commentarli, andando in varie parti d'Europa. Era una gran fatica, perché si trattava di trasmissioni che duravano ore e bisognava documentarsi a fondo, per evitare di trovarsi in difficoltà su tempi così lunghi e argomenti così diversi tra loro: la diretta non perdona.

Gli avvenimenti trasmessi erano di vario tipo: per esempio, l'inaugurazione del nuovo Museo Oceanografico del Principato di Monaco, l'inaugurazione della nuova sede dell'Unesco, la tradizionale gara di canottaggio sul Tamigi tra le Università di Oxford e Cambridge (c'era una fittissima nebbia, non si vedeva niente...), ma soprattutto i grandi matrimoni reali. In quegli anni ho "sposato" Paola del Belgio, Margaret d'Inghilterra e Beatrice d'Olanda.

Per questi matrimoni si arrivava il giorno prima: visitavamo alcuni dei luoghi del percorso e ricevevamo il protocollo della cerimonia. Poi, ognuno commentava le immagini, nella propria postazione davanti a un monitor. E a volte capitavano contrattempi che mettevano in difficoltà.

Ricordo la telecronaca del matrimonio di Paola del Belgio. La diretta cominciò alle nove del mattino e finì oltre l'una.

Tutto era andato bene, gli orari previsti erano stati rispettati. Alla fine gli sposi arrivarono a Palazzo Reale, dal cui balcone avrebbero dovuto affacciarsi per il saluto finale alla folla. Ma al balcone non si affacciava nessuno: l'attesa durò quasi quaranta minuti! Un tempo infinito. Le telecamere inquadravano il balcone, la folla, le guardie a cavallo, la bandiera che sventolava. Poi di nuovo guardie a cavallo, bandiera sventolante, folla in attesa, Palazzo Reale. Dopo un po' non si sapeva più cosa dire. Mi venne un'idea che salvò la situazione. Tra il materiale che ci avevano fornito c'era pure l'elenco dei regali: era una miniera! Ed era anche interessante, perché consentiva di sapere chi aveva regalato che cosa.

Finalmente si vide un movimento dietro al balcone, ed ecco apparire gli sposi. Lei era bellissima e raggiante: per il momento principessa, poi futura regina del Belgio. Grandi saluti e applausi da tutte le parti, e infine l'attesissimo cartello con le stelle dell'Eurovisione e l'*Inno alla gioia* di Beethoven.

V

Tecniche di colpo di Stato

Quando andavo a scuola, le carte geografiche appese alle pareti mostravano che Francia e Gran Bretagna erano padrone di mezzo mondo: gran parte dell'Africa e dell'Asia, l'Australia, il Canada (e non solo!) erano colonie o "protettorati", o comunque si trovavano in qualche modo sotto la sovranità francese o britannica.

Nel dopoguerra, in pochi anni, questi imperi si sono praticamente dissolti, e le colonie hanno conquistato l'indipendenza: in certi casi, attraverso drammatiche rivoluzioni; in altri, con una transizione più morbida, all'insegna della "cooperazione"; in altri ancora, mantenendo un legame puramente formale con gli antichi dominatori. Anche l'Algeria si avviava inevitabilmente verso l'indipendenza.

Quella transizione l'ho vissuta in modo intenso, in quegli anni, ed è stata una vicenda che ha ispirato moltissimi libri e anche dei film. C'erano infatti tutti gli ingredienti di una grande storia, intrisa di passioni, complotti, tradimenti, tentativi di colpi di Stato, attentati.

L'Algeria era per la Francia l'ultima roccaforte, ma una roccaforte molto particolare perché, pur trovandosi in Africa, era considerata territorio metropolitano francese, come la Normandia. In Algeria viveva una popolazione francese composta non solo di proprietari terrieri e funzionari, ma anche di operai, artigiani, professionisti, commercianti.

Il 13 maggio 1958, ad Algeri, mentre continuava la guerra contro il Fronte Nazionale di Liberazione, ci fu una sollevazione popolare e venne occupato il Palazzo del Governo ad Algeri, situato nel Foro. A Parigi non sapevano che pesci pigliare. Qualcuno cominciò a parlare del generale Charles De Gaulle. Il presidente della Repubblica, René Coty, si rivolse al generale chiedendogli di salvare il paese. De Gaulle ritornò dunque a Parigi, e il 1° giugno 1958 diventò primo ministro, con ampi poteri.
Quello fu, per così dire, un "colpo di Stato consensuale", che silenziò la conflittualità tra i partiti.
La prima cosa che De Gaulle fece fu di volare ad Algeri, per evitare che la situazione precipitasse. Ricordo perfettamente quel giorno, quando il generale arrivò al Palazzo del Governo per parlare ai francesi d'Algeri radunati in massa al Foro. Io ero sul tetto dell'edificio con l'operatore Marco Lombardi. De Gaulle comparve sul balcone accolto da un'immensa ovazione. La prima frase (storica) che pronunciò fu: "*Je vous ai compris!*", "Vi ho capiti!".
Ci fu un enorme boato: finalmente qualcuno aveva compreso il problema! Accodandomi al corteo, chiesi a un uomo politico che accompagnava De Gaulle, Jacques Soustelle, cosa intendesse il generale con il suo: "Vi ho capiti!". Il generale aveva sposato la loro causa? Oppure era soltanto un modo per calmare gli animi?
Questo dubbio cominciò a serpeggiare, e si rivelò giustificato. Il progetto di De Gaulle, infatti, era quello di concedere l'indipendenza all'Algeria. I tempi erano cambiati, e non era più possibile mantenere in vita una situazione che ormai sfuggiva di mano.

Una mitragliatrice per De Gaulle

La delusione fu fortissima, e i francesi d'Algeria si mobilitarono in forme diverse, per scongiurare l'indipendenza. Di fronte all'inflessibilità del generale, decisero di creare l'OAS, Organizzazione Armata Segreta. A questa compagine di tipo paramilitare aderirono moltissimi ufficiali, compresi alcuni generali. Non bisogna dimenticare che in Algeria, in quel momento, la presenza dell'esercito francese era massiccia, per via della guerra. Ormai era una sfida aperta a Parigi, e vennero pianificati e messi in atto vari attentati a De Gaulle, diventato di colpo il grande nemico.

A uno di questi attentati l'eroe della Liberazione sfuggì veramente per un soffio. Andai sul posto per farne una ricostruzione.

Il 22 agosto del 1962 De Gaulle si stava recando in auto, una Citroën DS blindata, all'aeroporto militare di Villacoublay, a sudovest di Parigi. Gli attentatori erano riusciti a scoprire da una "talpa" l'orario e l'itinerario prescelto, e fecero scattare un piano orchestrato da tempo.

Piazzarono un camioncino lungo l'autostrada: a 150 metri si trovava un complice che doveva segnalare l'arrivo della Citroën. Poiché era il crepuscolo, l'accordo era che avrebbe usato un giornale se c'era ancora luce, e una torcia nel caso di scarsa visibilità.

A quel punto il camioncino avrebbe spalancato lo sportello posteriore; all'interno si trovava un membro dell'OAS con una mitragliatrice, che avrebbe sparato sull'auto d'infilata. Il lavoro sarebbe poi stato completato con bombe al fosforo.

L'auto di De Gaulle arrivò all'imbrunire, e ci fu un piccolo ritardo nell'interpretare il segnale. Il portello posteriore si aprì quando l'auto stava già quasi passando, e il fuoco della mitragliatrice la colpì, ma non fu in grado di fermarla. L'autista riuscì ad accelerare, malgrado i danni. E a salvare De Gaulle.

L'inchiesta permise di scoprire chi aveva reso possibile questo attentato: il tenente colonnello dell'aviazione militare francese Jean Bastien-Thiry, che aveva fornito le informazioni sui movimenti di De Gaulle. Ci fu un rapido processo e il colonnello venne fucilato nel Fort d'Ivry, alla periferia di Parigi.

Tornai un paio di volte in Algeria durante quel periodo molto turbolento. L'ultima volta non riuscimmo in alcun modo a reperire operatori di ripresa, così mi ritrovai a lavorare con un operatore tedesco free lance. Scoprii poi che era un ex paracadutista della Legione Straniera, e dovetti faticare non poco a farlo stare calmo quando giravamo nei quartieri arabi!

Fu durante quel viaggio che qualcuno ebbe la bella idea di telefonare a mia moglie dicendo che ero rimasto ferito in una sparatoria. Non siamo mai riusciti a sapere chi si era divertito a fare quello scherzo.

L'attentato a Mitterrand (e colpo di scena finale)

A testimoniare del clima rovente che si respirava in quegli anni in Francia, era avvenuto un altro fatto clamoroso: l'attentato a François Mitterrand. Il futuro presidente francese raccontò che uscendo dalla brasserie Lipp, a Saint-Germain-des-Prés, si accorse di essere seguito da una macchina scura. Accelerò, e lo stesso fece l'altra macchina. Girò in vie traverse, ma sempre quella lo seguiva. Cominciò a inquietarsi.

Mitterrand era da tempo nel mirino di alcuni dei più radicalizzati tra quanti si opponevano all'abbandono dell'Algeria – gli stessi che avevano dato vita all'OAS – per le sue posizioni politiche, e intuì che quello era un attentato. Preso un po' di vantaggio, in avenue de l'Observatoire fermò l'auto e saltò dietro una siepe. L'auto che lo seguiva a quel punto rallentò e dal finestrino un uomo armato di mitra crivellò la macchina con una raffica di colpi. Mitterrand si salvò per miracolo. La notizia suscitò un enorme clamore, e i giornali uscirono con grandi titoli.

Mentre seguivo il processo al generale Salan (del quale parlerò tra poco), pensai di incontrarmi con uno dei suoi difensori, *maître* Le Coroller, per avere notizie dirette da dietro le quinte. Mi recai nel suo studio, in boulevard Saint-Germain. Dopo un po' che stavamo parlando squillò il telefono. L'avvocato rispose, e lo vidi sorridere. Mi guardò e disse: "Vuol fare uno scoop?". Chiesi di cosa si trattava, ma mi disse soltanto che dovevo andare a un certo indirizzo e chiedere di monsieur Robert Pesquet.

Mi recai, intrigato, a quell'indirizzo in rue de Passy, un quartiere bene di Parigi, e salii al secondo piano. Mi aprì una domestica, che mi fece accomodare in salotto.

Poco dopo entrò questo monsieur Pesquet, un uomo basso, robusto, sui quarantacinque anni. Gli dissi che ero stato inviato da Le Coroller. Lui sorrise e mi disse, scandendo bene le parole: "Io sono l'attentatore di Mitterrand!". Rimasi di stucco.

Pesquet era un deputato di estrema destra, soprannominato *"le député mitraillette"* per i suoi trascorsi. Con me c'era la troupe televisiva: montammo subito il cavalletto e gli chiesi di spiegare come erano andate le cose.

Mi raccontò che un giorno andò a parlare con Mitterrand, che in quel periodo era un senatore della sinistra. Gli disse che era stato incaricato di ucciderlo: ma che lui, stimandolo molto, non se la sentiva di fare una cosa del genere. In caso di rifiuto da parte sua, però, sarebbe subentrato un altro killer. Ma aggiunse subito che una via d'uscita, in realtà, c'era: sarebbe bastato mettersi d'accordo per un finto attentato... Mitterrand, dopo molte esitazioni, pare avesse accettato la proposta.

Stando al racconto di Pesquet, lui e Mitterrand definirono di comune accordo le modalità del finto attentato. Dopo l'uscita dalla brasserie Lipp, Mitterrand avrebbe seguito un certo itinerario, e in avenue de l'Observatoire sarebbe dovuto saltare fuori dall'automobile per nascondersi dietro una siepe. A quel punto, Pesquet avrebbe sparato sulla macchina vuota.

Gli chiesi se aveva le prove di quello che affermava, e mi disse che tutto era stato scritto e depositato da un notaio alcuni giorni prima del finto attentato.

La rivelazione suscitò enorme clamore. Era una messinscena, e organizzata molto bene. Stranamente, l'intera vicenda finì piuttosto in fretta nel dimenticatoio. Quando, nel 1981, Mitterrand divenne presidente della Repubblica (carica che ricoprì per ben due mandati), nessuno tirò fuori questa storia. E gran parte dei francesi oggi l'ignora, come ho avuto modo di constatare.

I paracadutisti su Parigi

Gli avvenimenti precipitarono, e negli ultimi giorni di aprile del 1961 si verificò quello che molti temevano da tempo: un tentativo di colpo di Stato. Aerei con a bordo paracadutisti e reparti speciali, decollati da Algeri, erano già atterrati in Corsica. Da lì, si preparavano a puntare su Parigi.

La sera tardi del 23 ero a casa, davanti al televisore, e vidi apparire improvvisamente sullo schermo, interrompendo il programma che stava andando in onda, il primo ministro Michel Debré. Visibilmente emozionato, Debré annunciò che era in corso un'operazione aviotrasportata su Parigi. E lanciò un drammatico appello alla popolazione: "Andate tutti agli aeroporti, in macchina, a piedi, e fermate questi soldati perduti!".

Il *"Complot de Paris"* all'ultimo momento fu annullato, e quello fu l'inizio della fine. I generali, uno a uno, vennero arrestati e il generale Salan, capo delle Forze Armate in Algeria, fu messo sotto processo. La pena prevista per il reato di tradimento era la morte.

Seguii il dibattimento con un disegnatore, poiché era proibito scattare fotografie in aula. L'obiettivo della difesa era di ottenere le circostanze attenuanti, per evitare la condanna a morte. Sfilarono più di cento ufficiali per testimoniare in favore di Salan, ricordando che il Governo di Parigi aveva dichiarato più volte che non avrebbe mai abbandonato l'Algeria. Salan, come altri alti ufficiali, aveva preso questo impegno con un giuramento solenne. E fu proprio per non mancare al giuramento prestato che rifiutò di obbedire agli ordini e divenne il capo dell'OAS, l'Armata Segreta.

Le circostanze attenuanti vennero riconosciute, tra molti contrasti. E ricordo che il 23 maggio 1962, quando venne letta la sentenza che condannava il generale Salan all'ergastolo, il suo difensore, il famoso avvocato Jean-Louis Tixier-Vignancour, intonò *La Marsigliese*.

VI

Bruxelles

Nel 1964, così come avveniva spesso anche nei giornali, in RAI ci fu una rotazione dei corrispondenti, e per me si liberò un posto da caporedattore nella sede di Bruxelles, dove mi sarei occupato dei servizi relativi a un'area molto vasta, che arrivava fino ai paesi scandinavi. Era un modo per risolvere un problema che aveva messo in crisi il mio rapporto con la RAI (avevo presentato le mie dimissioni irrevocabili perché non accettavo per principio una certa situazione: e poiché all'epoca non esistevano altre televisioni in cui andare, mi ero trovato un lavoro in Giappone, come collaboratore del "Corriere della Sera" e di vari settimanali). Fu Fabiano Fabiani, allora direttore del Telegiornale, a risolvere la vicenda, e ancora oggi gli sono grato per questo.

A Parigi, con Margherita, avevamo passato nove anni, ed erano nati e cresciuti due figli, ma quello ci sembrava il momento giusto per cambiare, così ci preparammo a questo nuovo trasloco. Fu una rinascita.

Bruxelles si rivelò una città accogliente, con uno stile già di tipo nordico e una vita sociale molto attiva, grazie alla presenza di un gran numero di stranieri che lavoravano nelle istituzioni europee.

Andammo ad abitare poco fuori città, a Overijse, una zona fiamminga, in una villetta circondata da un grande prato e situata in un comprensorio con tante altre villette intorno. Certo, il clima non era dei migliori, il cielo era sempre grigio, e solo dopo il trasferimento ci avvisarono che quella era la collina più ventosa del Brabante... Ma si stava bene. Le persone erano finalmente gentili, i vicini cordiali. C'era una silenziosa competizione per il prato più bello, e venimmo a sapere che il nostro vicino aveva fatto esaminare il suo terreno all'Università di Lovanio per capire quali fossero i fertilizzanti più adatti da utilizzare. A volte lo vedevamo tagliare i fili d'erba troppo lunghi con le forbicine per le unghie!

Margherita inutilmente si affacciava ogni mattina alla finestra per veder spuntare un raggio di sole, e mi diceva che ora capiva bene cosa voleva dire il cantautore belga Jacques Brel con i suoi versi *"Avec un ciel si bas qu'un canal s'est perdu"*.

Tutto, però, funzionava. Anche la "scuola europea", frequentata da ragazzi di tutte le nazionalità – il cui modello di insegnamento teneva conto delle diverse lingue –, con il suo servizio di trasporto a domicilio, i suoi corsi speciali e persino la possibilità di scegliere tra l'ora di religione e quella di morale. Imparammo a conoscere anche il *crachin* (lo "sputino"), che non è pioggia vera e propria, ma umidità che si condensa in minuscole particelle, e che non richiede neppure l'ombrello.

Ma nelle domeniche di bel tempo era un piacere vedere tante ragazze e ragazzi venire a giocare sul prato di casa. Quando appare oggi in televisione un noto sottosegretario, lo rivedo girare intorno alla casa su un'automobilina a pedali.

E poi c'erano le gite in Olanda, paese che amavo moltissimo, così antico e così moderno, con quella strana abitudine degli olandesi di non mettere tende alle finestre, e di essere visibili la sera in casa come in un acquario.

A Bruxelles, il bridge era praticamente un secondo lavoro al quale non ci si poteva sottrarre. La fatica era tanta e il sonno incombeva. La burocrazia europea classificava i suoi dirigenti in sigle: A1 (il massimo livello), A2, A3, A4, A5.

Un A5 mi diceva che lui avrebbe potuto giocare a bridge con un A4, o al massimo con un A3, ma mai con un A2...

Tra tutti quegli "A" c'erano molti giovani simpatici e intelligenti, con i quali stringemmo amicizia, e ancora oggi, a distanza di tanti anni, ci sentiamo e a volte ci rivediamo, pur abitando in città diverse.

Un'altra cosa che ci rimase impressa era il fatto che al mattino i commercianti pulivano il marciapiede con acqua e spazzolone: un modo semplice e pratico per tener pulite le strade. In Italia siamo abituati a vedere lungo i marciapiedi e i viali una continua scia di cartacce, plastica, rifiuti di vario tipo, e la colpa viene data al sindaco, ai servizi di nettezza urbana, o a chiunque altro. Ma è pazzesco! Chi sporca pretende che siano gli altri a venire a raccogliere la sua immondizia! E non c'è una reazione nemmeno quando si vede qualcuno gettare rifiuti. Manca quello che in altri paesi si chiama il controllo sociale, cioè la capacità di tutelare il bene comune e reagire contro chi si comporta in modo incivile. Una volta a "Quark" facemmo un piccolo esperimento, una candid camera: un attore in canottiera a bordo di un furgoncino Ape scaricò davanti a una fermata dell'autobus una serie di rifiuti, tra i quali persino un bidet. Nessuno intervenne. Un altro nostro complice, che era tra le persone in attesa alla fermata per osservare le reazioni dei presenti, registrò solo questo commento: "E poi pretendiamo di andare a insegnare l'educazione in Africa...".

E se per caso qualcuno decide di reagire? Un piccolo episodio romano, vero. Un giorno, per strada, vidi una signora a bordo di un'auto parcheggiata che buttava dal finestrino un grosso cartoccio. Mi avvicinai, e poiché il finestrino posteriore era aperto, lo raccolsi e glielo rimisi in macchina, dicendo: "Signora, ha perduto questo!". La risposta fu: "Maleducato!".

Forse è meglio tornare a Bruxelles.

Costruire l'Europa

Quando iniziai il mio lavoro di corrispondente a Bruxelles, i paesi firmatari dei Trattati di Roma del 1957, che avevano di fatto istituito la Comunità Economica Europea, erano soltanto Italia, Germania, Francia e Benelux (Belgio, Olanda, Lussemburgo). Quello era un periodo in cui si cercava veramente di costruire l'Europa unita, attraverso un percorso che portasse a una grande unione federata, vale a dire un insieme di paesi più o meno integrati, ma con un'unica politica economica, estera e militare, e con un Governo centrale, controllato da un Parlamento liberamente eletto.

Uno degli strumenti importanti era quello dell'armonizzazione delle politiche nei vari campi, in particolare quello dell'agricoltura, in modo da poter arrivare a regolamenti comuni (ci fu chi, tra l'ilarità della delegazione italiana, propose di armonizzare addirittura la misura dei piselli).

C'era poca materia per l'attualità quotidiana: le riunioni importanti erano quelle dei ministri dei vari paesi, che venivano a Bruxelles per le trattative finali, ed era solo per quelle che il TG chiedeva servizi.

Le discussioni, spesso, erano molto tecniche e non facili da far comprendere a un pubblico televisivo. Piccolo dietro le quinte: in occasione di una seduta particolarmente importante, dedicata alle politiche sociali, pensai di preparare un servizio corredato di grafici creativi, lasciando uno spazio adeguato per il commento politico del ministro italiano. Al termine della seduta, ci riunimmo col ministro in una saletta, e gli mostrai quello che avevo preparato. Mentre andavo avanti con la spiegazione, mi accorsi che mi guardava come un marziano. A un certo punto mi interruppe e disse: "Angela, quello che ci interessa è farci vedere!". Capii che era inutile insistere.

La Commissione Europea, pur tra tante difficoltà, faceva un lavoro serio, con l'obiettivo di ridurre progressivamente le differenze tra i vari paesi, in modo da arrivare a un'unione sempre più integrata e, infine, a un'Europa unita.

Era il sogno degli europeisti, tra le cui file spiccava la figura del francese Robert Schuman, considerato a ragione come uno dei padri fondatori dell'Unione Europea. Ma, proprio in Francia, il ritorno al potere di De Gaulle un anno dopo la firma dei Trattati di Roma fece naufragare questa visione: De Gaulle voleva infatti un'"Europa delle patrie", in cui ognuno doveva essere padrone in casa propria, pur costruendo una rete di accordi economici e commerciali di reciproco interesse.

La notte in cui l'Europa morì

Ricordo bene la notte in cui questa discrepanza di vedute esplose, mandando in pezzi tutti i bei progetti europeisti. Accadde nel 1965, quando la Commissione Europea (che già, in un certo senso, prefigurava quello che sarebbe stato il ruolo di un futuro Governo europeo) cercò di allargare le proprie competenze, avocando a sé prerogative fino ad allora di pertinenza dei governi riuniti in consiglio. Si trattava di una questione piccola ma molto significativa, perché era un tentativo di far accettare ai francesi un minimo inizio di sovranazionalità.

La reazione della Francia fu durissima. La discussione durò tutta la notte. Noi giornalisti eravamo accampati nella sala stampa, con panini e bibite. Ogni tanto usciva qualcuno dalla sala del Consiglio dei ministri per informarci su quello che stava succedendo, con notizie sempre più pessimistiche.

Alle cinque del mattino vedemmo il ministro degli Esteri francese Maurice Couve de Murville andare via, scuro in volto; poi uscì l'olandese Joseph Luns: si fermò a parlare con noi e ci disse che la rottura era totale. Solo il nostro ministro degli Esteri Amintore Fanfani minimizzò lo scontro. In realtà la Francia non partecipò più alle riunioni per sei mesi, in quella che, non a caso, è stata definita "politica della sedia vuota".

Fu il funerale dell'Europa.

La Francia di De Gaulle, che fino a qualche anno prima era uno dei "quattro grandi" del mondo, viveva con difficoltà un ridimensionamento che l'avrebbe trasformata in una delle tante nazioni che facevano parte dell'Unione, per di più sotto un'autorità sovranazionale.

Quel momento segnò una svolta cruciale nella costruzione europea: finiva l'illusione di un'Europa veramente unita politicamente (che sarebbe stata forse un volano molto forte per attrarre altri paesi), e l'alternativa diventava quella di dedicarsi alla costruzione di un'Europa economica, con vincoli e legami via via crescenti. Un gigante, certo, ma senza testa e senza parola, incapace di diventare una protagonista della Storia, come lo erano in quel momento gli Stati Uniti e l'Unione Sovietica.

L'idea europea non era però del tutto tramontata: con molta pazienza e grande abilità (anche da parte italiana), si arrivò alla moneta unica europea, un obiettivo unitario che sembrava quasi irraggiungibile.

Spinto dal sentimentalismo, quel 1° gennaio del 2002 mi recai a Bruxelles, mescolato alla piccola folla riunita davanti al palazzo dell'UE, dove Romano Prodi e Carlo Azeglio Ciampi stavano brindando, e partecipai al lancio di palloncini che simbolicamente festeggiava questo evento così atteso.

Il vero problema

A voler essere davvero sinceri, il problema di fondo dell'Europa, in realtà, non è solo politico ed economico: il fatto è che i paesi che ne fanno parte sono troppo diversi per potersi unire veramente. Italiani, tedeschi, inglesi, francesi, olandesi, spagnoli, belgi, portoghesi, greci possono sicuramente far parte di un'unica nazione totalmente integrata, ma solo se si trasferiscono negli Stati Uniti, in Canada, in Australia, o in Argentina... Lì si riconoscono tutti in una sola bandiera, una sola lingua, un solo sistema economico. Mettere insieme in Europa paesi così diversi e distanti culturalmente e storicamente – con identità tra loro lontanissime e sviluppi estremamente diseguali, una babele di lingue, antichi odi e pregiudizi – è un'impresa senza speranza. Accontentiamoci del molto che è stato fatto, che ha permesso almeno di creare legami importanti tra nazioni che per secoli si sono odiate e sbudellate a vicenda. Sperando che l'attuale vento antieuropeista non soffi talmente forte da disgregare una costruzione che al suo interno ha un collante ancora troppo debole.

Un pianeta lontano

In quegli anni ebbi modo di scoprire anche un pianeta allora non molto conosciuto in Italia: la Svezia. Si trova ad alcuni anni luce dal nostro paese, nella galassia scandinava.

Ci andavo spesso, poiché faceva parte della mia area di competenza, e ogni volta ne tornavo alquanto stupito, perché era veramente un viaggio nella fantascienza scoprire come funzionavano lì le prigioni, il sistema fiscale e quello giudiziario. Ma mi colpì soprattutto una cosa, e vorrei raccontarla.

In Italia, lo sappiamo, il potere politico è penetrato un po' dappertutto, anche là dove non dovrebbe, come ad esempio nella pubblica amministrazione. In Svezia si erano posti da tempo questo problema, cioè come evitare che i funzionari pubblici, che dovrebbero essere indipendenti dal potere politico – ecco perché giurano fedeltà alla Costituzione –, anziché essere al servizio esclusivo dei cittadini (di tutti i cittadini), siano legati a partiti o a uomini politici, ottenendo in cambio vantaggi di carriera. È una forma di corruzione che degrada il loro impegno di terzietà, trasformandoli da servitori dello Stato in servitori di altri interessi. Un problema che in Italia conosciamo fin troppo bene.

In Svezia hanno affrontato il problema in modo molto semplice e drastico: tagliando (anche fisicamente) il rapporto tra i ministri e i rispettivi ministeri.

Il concetto alla base di questa scelta è evidente, e del tutto logico. Il Governo, per sua natura, rappresenta solo una parte dei cittadini, la maggioranza che lo ha eletto. I ministeri, invece, rappresentano tutti i cittadini: sono lo Stato. Stato e Governo, quindi, sono (e devono essere) due entità separate. Anzi, in un certo senso, quasi contrapposte. E il loro rapporto deve essere regolato da norme ben precise (in Italia, questo concetto così importante non è neppure ben percepito dalla gente).

Ecco quello che scoprii in Svezia. Innanzitutto, i ministri, con i loro uffici politici, non risiedevano nei ministeri, ma erano tutti raggruppati nello stesso palazzo. Una volta definiti gli obiettivi politici e i finanziamenti, il ministro non poteva mettere becco nell'attività del ministero, che metteva in pratica le direttive. E tantomeno poteva intervenire su nomine o carriere.

Tutto questo mi venne confermato dal direttore generale del ministero delle Poste, che andai a trovare.

Per evitare eventuali eccessi di potere da parte della pubblica amministrazione, esisteva un sistema di controllo esercitato da due "ombudsman": uno si occupava degli affari civili, l'altro delle questioni militari. Gli ombudsman erano alti magistrati eletti dai due rami del Parlamento che, a seguito di denuncia (ma anche di propria iniziativa), potevano ordinare inchieste, mobilitando le forze di polizia. Era un sistema diretto a difendere i cittadini dagli eventuali abusi, e al tempo stesso controllare l'indipendenza, ma anche la correttezza, della pubblica amministrazione.

C'era poi un'altra disposizione incredibile per noi italiani, e cioè che tutti i documenti pubblici, tranne pochissime eccezioni, erano pubblici davvero! Persino la posta dei ministri doveva essere disponibile. Ricordo che, insieme a un giornalista svedese, mi recai nell'ufficio del ministro delle Poste: il ministro non c'era, e il giornalista chiese alla segretaria di vedere la sua corrispondenza. La segretaria gliela consegnò!

Ma il sistema svedese prevedeva (e prevede) anche il controllo di tutti i prodotti messi in commercio. E per questo mi recai a visitare un grande centro specializzato, che testava ogni tipo di nuovo prodotto: dai sofà ai frullini, dalle lavatrici alle automobili. Filmammo persino una piccola piscina dove si controllavano canotti e giubbotti di salvataggio. Non solo: praticamente ogni famiglia possedeva un libretto con i risultati di questi test, rinnovati di anno in anno. E di ogni prodotto veniva fornita una valutazione che ne attestava il livello di qualità e gli eventuali difetti.

Un deterrente potentissimo per le truffe, piccole e grandi.

È evidente che sarebbe privo di senso pensare di poter trasferire queste cose in Italia: modelli come quello svedese, però, ci aiutano se non altro a capire come certi principi, quali appunto la separazione tra Stato e Governo, siano essenziali per limitare gli appetiti del potere (e forse ancor più del sotto-potere) politico nei confronti della cosa pubblica.

In realtà, purtroppo, sappiamo bene che il vero problema per l'Italia non è quello dei modelli: anche con un modello svedese la situazione qui da noi non cambierebbe, perché si troverebbero cento modi per fare le stesse cose di prima. E anche il controllo dei prodotti commerciali sarebbe ad altissimo rischio di "aggiustamenti" sottobanco.

La questione vera è quella relativa alla diffusione, e alla tolleranza, di certi comportamenti, che sono la vera palla al piede del nostro paese.

Qualche anno dopo, al mio rientro in Italia, ripensando agli ombudsman svedesi, di fronte al degrado della nostra vita pubblica e al dilagare del clientelismo e del malcostume, pensai di organizzare un'iniziativa per contrastare questi fenomeni, che per loro natura minano alla base la credibilità delle istituzioni e il senso di appartenenza a una comunità. Non un difensore civico, che in qualche Regione era stato sperimentato senza successo, ma un'associazione del tipo di Italia Nostra, dotata di avvocati che, sulla base di segnalazioni di cittadini (e delle documentazioni allegate), sporgessero denunce e offrissero assistenza gratuita.

Parlai dell'idea con il professor Aldo Sandulli, ex presidente della Corte costituzionale, che fu totalmente d'accordo. Anzi, lui stesso scrisse una prima bozza di statuto dell'associazione. Occorrevano naturalmente dei garanti di rilievo, e insieme interpellammo personaggi di alto profilo, come il presidente dell'Accademia dei Lincei Edoardo Amaldi e l'ex presidente del Senato Cesare Merzagora, che si mostrarono molto favorevoli al progetto.

Successe, purtroppo, che proprio in quel periodo il Partito Liberale annunciò un'iniziativa simile (anche se meno incisiva), così decidemmo di attendere qualche tempo per lanciare la nostra. Nel frattempo io partii per una serie di documentari e, come è ben noto, i continui rinvii sono fatali per iniziative del genere, che richiedono cura e impegno costanti.

A distanza di tanti anni, pur fra le molte cose che sono riuscito a realizzare, per questa, mai condotta in porto, conservo ancora un senso di colpa.

Zone turbolente

Nel mio lavoro come corrispondente dall'estero, ebbi anche occasione di recarmi in zone difficili come Yemen, Israele, Iraq, Vietnam. Devo dire che sono state esperienze molto utili per capire direttamente sul campo tante situazioni problematiche, e mi hanno anche fatto comprendere meglio quanto siano poi le popolazioni locali a pagare il prezzo più alto nei conflitti.

Vorrei, in proposito, rendere omaggio agli operatori, ai fonici, ai tecnici che accettano di recarsi in zone di guerra, rimanendo sempre dietro le quinte e facendo fino in fondo il loro dovere. Anche perché sono soprattutto le loro immagini a documentare la violenza della guerra e a cogliere momenti storici, come l'inizio del conflitto tra israeliani e palestinesi.

Ricordo in particolare una scena che filmammo nel giugno del 1967, durante la Guerra dei sei giorni, proprio sul fiume Giordano, durante l'esodo dei palestinesi verso la Giordania. Il ponte di Allenby era stato bombardato e si era spezzato in due tronconi, ma le strutture metalliche consentivano ancora il passaggio dei palestinesi in fuga. Fu veramente una scena biblica. Uomini, ma soprattutto donne e anziani, carichi di fagotti, lasciavano la loro terra e le loro case attraversando con fatica il ponte, a volte aiutati dai soldati israeliani. Sull'altra sponda c'era un formicolio di adulti e bambini che si cercavano, gridando, mentre grossi camion arrivavano per caricarli e portarli in centri di raccolta e poi nei campi profughi. L'inizio di una lunga tragedia.

In Iraq, invece, mi capitò una disavventura; fui arrestato per spionaggio insieme alla troupe. Eravamo andati lì subito dopo la guerra del 1967 per realizzare un servizio sul petrolio. Per le strade si respirava un clima di isteria collettiva, la gente manifestava contro Israele, e già ben undici persone erano state impiccate con l'accusa di essere delle spie. Ricordo che il nostro ambasciatore a Baghdad era affranto. "Guardi qui" mi disse, mostrandomi dei titoli di giornali che se la prendevano con l'Italia, complice di Israele. "Il lavoro diplomatico di anni andato in pezzi!"

Filmare non era facile, in quel clima. Un giorno, con la massima discrezione, l'operatore riprese con lo zoom una raffineria che si intravedeva a distanza. Evidentemente qualcuno aveva visto e telefonato subito alla polizia, segnalando queste "spie d'Israele". Arrivò una camionetta con agenti armati. Ci arrestarono e ci portarono in un commissariato. Chiesi subito di poter parlare con la nostra ambasciata, ma mi fecero segno che il telefono era guasto. Nessuno parlava inglese (stiamo parlando di mezzo secolo fa).

Dopo aver confabulato tra loro per un po', ci caricarono nuovamente su delle camionette e ci portarono in una prigione. Entrammo in un locale in cui si trovava una grande gabbia, al cui interno c'erano una quindicina di personaggi dall'aspetto poco raccomandabile (di quelli che, se li incontri di sera, gli consegni subito il portafoglio prima ancora che te lo chiedano). Da quanto capimmo, avremmo dovuto passare lì la notte...

Scherzando (ma non troppo) dissi all'operatore e al fonico: se ci fanno passare qui la notte dovremo legarci schiena contro schiena... Proprio in quello stesso periodo, infatti, si erano verificati episodi molto sgradevoli che avevano avuto come involontari protagonisti degli occidentali imprigionati e fatti oggetto delle attenzioni dei detenuti.

Passavano le ore e cominciavamo a preoccuparci davvero, visto il clima che si respirava nel paese. Finalmente, dopo una lunga attesa, arrivò un capitano dei servizi segreti con cui potemmo infine parlare in inglese.

Mi interrogò a lungo, ma per fortuna capì la situazione. Ci venne sequestrato tutto il materiale girato, ma a mezzanotte eravamo fuori, stringendoci le mani.

Sono occasioni, queste, in cui il legame all'interno della troupe si rafforza molto, specialmente quando si lavora sempre insieme.

Nello Yemen arrivammo sempre nel 1967, quando gli inglesi stavano lasciando la base di Aden, che per tanti anni era stata una roccaforte sulla via del petrolio. Era in corso una lotta tra due fazioni rivali per subentrare al potere, e la città era deserta, in stato d'assedio. Di quel viaggio, in piena guerra civile, ho un ricordo particolare: oltre a Aden, ci recammo in un minuscolo sultanato che stava per essere attaccato dai ribelli.

Era un sultanato povero, senza petrolio. Il sultano e suo figlio, l'emiro, vivevano in un palazzo circondato da un alto muro. Davanti al portone stazionavano guardie armate. Era una scena d'altri tempi, di quelle che si vedono nei film in costume.

Fuori c'era un'altra guardia armata che spolverava una grossa macchina nera: era del sultano, ed era l'unica auto della cittadina.

Di troupe televisive ne avevamo viste poche, e fu necessario un certo tempo per farsi capire, prima che ci permettessero di entrare.

Ci accolse l'emiro. Gli spiegammo cosa stavamo facendo, e lui acconsentì a farsi intervistare.

Gli chiedemmo di salire sul terrazzo, da dove si poteva ammirare un bel paesaggio, roccioso e desertico. Anche qui fu necessaria una certa attesa, e solo in seguito ne capimmo il motivo: al piano superiore c'era un harem, e bisognava attendere che le ragazze si allontanassero.

Facemmo l'intervista, e ricordo che alla fine gli chiesi se non aveva paura per le sollevazioni che stavano divampando a Aden. "No, qui è tutto tranquillo. La gente ama i sultani e gli emiri" rispose.

La settimana dopo, il palazzo fu occupato dai rivoltosi, e non so che fine fecero l'emiro e suo padre.

Per il Vietnam partii di corsa nel 1968, quando lavoravo a Roma al TG. Era stata annunciata un'imponente manifestazione di protesta a Saigon, e si temeva che potesse dare origine a gravi disordini, dato il clima teso che si respirava nel paese.

Arrivammo la sera a Saigon e ci recammo a filmare la manifestazione il mattino successivo. Fortunatamente, non ci furono incidenti seri.

Dovevo rimanere in Vietnam una quindicina di giorni per realizzare un servizio da mandare in onda a "TV7", e per ottenere i permessi di accesso alle zone operative mi recai al comando americano di Saigon. Insieme ai permessi mi diedero anche due tessere uguali con il mio nome scritto sopra. "Perché due?" mi informai. "Una è per te, l'altra per Charlie" rispose un ufficiale americano. "E chi è Charlie?" chiesi. Mi spiegò che era il soprannome con cui venivano chiamati i vietcong. Nel caso fossi stati catturato, consegnando una delle tessere avrei avuto, come prigioniero, un trattamento da maggiore. Anche i due tecnici della troupe ebbero le tessere. Il fonico commentò: "Cominciamo bene...".

Ottenemmo un passaggio su un elicottero con il pavimento blindato e il mitragliere pronto a sparare dal portellone aperto, poi cominciammo a girare in auto nelle campagne.

Di quel viaggio ricordo soprattutto le sofferenze dei contadini, di cui si è parlato poco, che dovevano continuare a lavorare la terra mentre la guerra divampava. Un'immagine mi colpì profondamente: in una risaia, i contadini stavano lavorando quando arrivò un elicottero che si diresse verso una zona alberata e, dopo essere disceso a bassa quota, cominciò a mitragliare. I contadini continuarono a lavorare, come se non fosse successo niente, tanto erano abituati.

Incontrammo un altro contadino accovacciato sul suo campo. Ci mostrò, affranto, le coltivazioni rovinate dai defoglianti sparsi dagli americani, che servivano per sfrondare gli alberi e individuare meglio i movimenti dei vietcong (i quali, per non essere visti, scavavano tunnel attraverso cui trasferivano uomini e armi).

Attraversammo numerosi villaggi, e a un certo punto mi accorsi che il nostro interprete vietnamita era diventato nervoso. "Dobbiamo tornare indietro" disse. "Il sole sta calando." Ci spiegò che in quelle zone tutto sembrava in apparenza normale di giorno, ma di notte alcuni contadini si "trasformavano" in vietcong. E per lui sarebbe stato molto pericoloso. Incrociammo anche una pattuglia di soldati sudvietnamiti che stavano rientrando alla loro base.

Sorvolammo in elicottero anche altre zone, e ci recammo in una base americana avanzata. Da vari giorni non subivano attacchi. Ricordo un particolare: un cannone della base sparava colpi in continuazione verso una zona in cui gli elicotteri avevano avvistato guerriglieri vietcong. Un nemico molto spesso invisibile.

In seguito, sarei dovuto andare nel Nord Vietnam, ad Hanoi. Era il momento dei grandi bombardamenti americani e della costruzione dei cunicoli sotterranei. L'Italia, però, non riconosceva ufficialmente la Repubblica Popolare del Vietnam del Nord, e quindi non potevo avere un visto per quel paese. Il problema fu risolto con un escamotage: il ministero degli Esteri italiano mise sul mio passaporto un visto specifico per la città di Hanoi... Il viaggio poi non si fece, ma conservo ancora sul vecchio passaporto questa vera rarità diplomatica.

VII

La Bella Otero e la maestrina dalla penna rossa

Facendo questo mestiere, mi è capitato a volte di incontrare personaggi che appartengono a un lontano passato, e con i quali non mi sarei mai aspettato di parlare.

Il fatto è che tutto cambia rapidamente, ma le generazioni si susseguono con lentezza, e così, a volte, ci troviamo di fronte a donne e uomini, nostri contemporanei, che provengono da epoche lontane, quasi come se uscissero da un film in costume. Vorrei portare due esempi.

Nel 1960 ero a Cannes per seguire il Festival del Cinema e, mentre cercavo personaggi interessanti e particolari da intervistare, venni a sapere che a Nizza abitava ancora la "Bella Otero"!

La Bella Otero era una grande star dello spettacolo del primo Novecento, famosa anche perché era stata l'amante di personaggi molto importanti dell'epoca, tra cui addirittura un erede al trono.

Trovato l'indirizzo, le feci recapitare un grande mazzo di rose rosse, con un mio biglietto da visita, e la richiesta di un incontro.

Poco dopo salii al primo piano e suonai alla porta. La Bella Otero aprì con la catenella e da questo spiraglio mi disse che non voleva parlare con me, perché già in passato mi aveva incontrato e non voleva più ricevermi. Inutilmente cercai di spiegarle che c'era ovviamente un equivoco: mi salutò e richiuse la porta.

Mi consultai con la portinaia, e le chiesi se ogni tanto la signora Otero uscisse, e lei rispose che sì, ogni mattina usciva per fare la spesa. Così, nel modo più discreto possibile, la riprendemmo mentre andava al supermercato. Era una donna minuta, magra, dimessa, con un naso piuttosto lungo. Mi dissero che viveva con un piccolo vitalizio che uno dei suoi corteggiatori le aveva lasciato, e che le veniva versato dal Casinò di Nizza. Ebbi un'impressione di tristezza e solitudine: questa donna di grande fascino, ammirata e corteggiata da banchieri e principi, regina della Belle Époque, era ormai dimenticata da tutti.

Andando via vidi, sul balcone di casa sua, un vaso con le mie rose rosse. Forse le ultime ricevute nella sua vita.

L'altro personaggio del passato con cui ho avuto il piacere di parlare risale addirittura alla letteratura dell'Ottocento, ed è un personaggio del libro *Cuore* di Edmondo De Amicis, pubblicato nel 1886: la "maestrina dalla penna rossa"!

Agli inizi del mio lavoro alla sede di Torino ci fu una grande alluvione, e la RAI lanciò la "Catena di fraternità", una sottoscrizione per inviare aiuti alle popolazioni colpite. Ogni sede RAI, in collegamento, annunciava le somme raccolte e i loro donatori. Accanto ad aziende, banche e privati cittadini, era utile coinvolgere qualche personaggio noto, per incoraggiare le offerte. Sapevo che era ancora viva una ex maestra che, secondo la tradizione, aveva ispirato il personaggio della "maestrina dalla penna rossa" del romanzo di De Amicis. Andai a trovarla in un modesto alloggio non lontano dalla sede RAI di via Montebello; era una persona esile e gentile, molto anziana, non saprei dire quanto. Diede il suo piccolo contributo, e un invito a donare. Entrando in quella stanza ebbi l'impressione di saltare indietro nel tempo. Anche i mobili, la tappezzeria, la tovaglia ricamata sul tavolo appartenevano, come lei, a una Torino ottocentesca che riappariva improvvisamente, con la sua cortesia e i bicchierini di rosolio.

Il soldato di Waterloo

Ma c'è un aspetto ancora più sorprendente in questo accavallamento tra generazioni: la possibilità di trasmettere oralmente testimonianze lontane, anche su distanze temporali apparentemente molto lunghe. La storia antica è piena di racconti trasmessi per via orale e raccolti poi dagli storici, come fece ai suoi tempi anche Erodoto.

Si tende ad avere l'impressione che un evento avvenuto per esempio 200 anni fa sia molto lontano, ma non è così, se si riescono a trovare i giusti personaggi lungo la linea del tempo.

Pensate, io ho parlato con una persona che ha conosciuto bene un soldato che era alla battaglia di Waterloo, oltre 200 anni fa! Com'è possibile?

Le cose andarono così. Nel 1965 ricorrevano i 150 anni della battaglia che vide tramontare la stella di Napoleone Bonaparte, e pensai di realizzare un documentario. Waterloo si trovava proprio a 20 minuti d'auto da casa mia, al di là della foresta di Soignes. Cominciai i sopralluoghi e mi recai al Musée Royal de l'Armée et d'Histoire Militaire, il grande museo militare di Bruxelles. Lì incontrai uno strano personaggio, un signore gentile che si dilettava di ricerche storiche. Mi disse che nel museo erano conservate tante lettere e diari originali di soldati delle due parti. Lettere e diari di uomini che raccontavano ciò a cui avevano assistito di persona quel giorno. Testimonianze preziose e uniche.

Dopo aver letto i vari documenti, decisi di costruire il programma utilizzando brani presi da quegli scritti come commento alle immagini. Per esempio: "Al mattino vedemmo profilarsi in lontananza la lunga fila delle giubbe rosse dei soldati di Wellington". Ma anche testimonianze atroci, come quella che raccontava di un soldato che, nel corso di una mischia particolarmente violenta, aveva infilzato con la sua baionetta un cavallo: l'animale si era rivoltato e con un morso gli aveva strappato via il naso e la pelle della faccia. Un'altra testimonianza raccontava di soldati francesi e tedeschi gravemente feriti e rifugiatisi in un fienile che continuavano a combattere. Ma c'era anche chi cercava di salvarsi la pelle: per esempio i due squadroni di cavalleria che si scontrarono in una carica, ma allargando i ranghi in modo da incrociarsi senza farsi del male... Mentre infuriava la battaglia, poi, molti, invece di combattere, si nascosero nella foresta, in attesa che il massacro finisse.

Ne venne così fuori una storia "in prima persona", raccontata da ufficiali e soldati dell'epoca.

Con la troupe, riandammo a cercare i luoghi e le situazioni descritte: tutto coincideva, anche perché quei terreni erano rimasti intatti, in quanto appartenenti a una famiglia nobile del posto, i conti di Plancenoit. Era rimasta intatta anche la fattoria che si trovava al centro della battaglia, la fattoria della Haye Sainte, ancora con le tracce delle pallottole. In una delle lettere, un soldato delle truppe di Federico Guglielmo, duca di Brunswick, aveva scritto che si era appostato nella colombaia sopra il portone d'ingresso e da lì, insieme a dei commilitoni, sparava sui soldati francesi che avanzavano, impallinandoli come può fare un cecchino. Ebbene, sopra il portone c'era effettivamente una colombaia, a cui si poteva accedere attraverso una botola. Chiedemmo di poter aprire la botola, chiusa da tempo immemorabile, e con una scala a pioli salimmo dentro quel piccolo vano: tutto corrispondeva perfettamente alla descrizione del soldato. Da una feritoia si vedeva la strada, e da quella posizione si poteva sparare senza essere visti né, tanto meno, colpiti.

Sono piccoli dettagli, ma fanno sentire la storia molto più vicina.

Una foto ingiallita

Ma tra i documenti dell'epoca c'era anche una fotografia ingiallita, che rappresentava un anziano soldato in uniforme. Sul retro c'era una piccola scritta, dalla quale si deduceva che quel soldato era un reduce di Waterloo e che era stato fotografato all'età di cento anni! C'era anche il nome della sua cittadina, un piccolo paese delle Fiandre.

Feci un po' di conti: se questo soldato avesse avuto una ventina d'anni al momento della battaglia, avrebbe festeggiato il suo centesimo compleanno intorno al 1895. Eravamo nel 1965, perciò una persona di ottantacinque anni, nata dunque nel 1880, avrebbe potuto conoscerlo. Si trattava di un piccolo paese dove si conoscevano più o meno tutti, ed è più che probabile che il soldato di Waterloo raccontasse spesso della battaglia. Quindi un giovane dell'epoca avrebbe potuto conoscerlo e ascoltarlo.

Mi recai con la troupe in questo paesino, e andai in Municipio per avere un elenco delle persone più anziane ancora in vita. Il più vecchio della cittadina aveva ottantasette anni, ma purtroppo era ormai affetto da demenza senile. Un altro, di ottantasei anni, invece, era sano e arzillo: effettivamente aveva conosciuto quel soldato, e aveva ascoltato i suoi racconti della battaglia! Quando il reduce da Waterloo aveva compiuto cento anni, il nostro uomo ne aveva quindici, quindi era perfettamente in grado di capire e ricordare.

Mi riferì alcuni episodi che il soldato gli narrava, e mi disse che il giorno del centesimo compleanno ci fu un evento indimenticabile, in paese: l'anziano combattente si rimise l'uniforme e andò nel bosco a tagliare un albero!

Trovai in seguito un altro testimone indiretto della battaglia: proprio il fattore ultraottantenne della fattoria della Haye Sainte. Mi disse che suo nonno era un bambino quando la fattoria venne occupata, poco prima della battaglia, e che gli raccontò quello che era successo in quei giorni. Vedendo arrivare quella marea di soldati che prendeva posizione, lui e i suoi familiari scapparono nella foresta, portando con sé i vitelli.

La battaglia durò un solo giorno, ma fu un vero massacro: secondo alcune stime i morti furono tra 30.000 e 40.000! Il nonno gli raccontò che quando tornarono alla fattoria sentirono un odore acre di carne arrostita: erano le cataste di morti che stavano bruciando...

Quell'anziano fattore, lavorando i campi, trovò nel corso degli anni tantissimi reperti metallici: palle di cannone, resti di baionette, corazze, insegne. E anche pallottole. Me ne regalò per ricordo una, che ancora conservo.

Il dossier segreto di Mata Hari

C'è un'altra vicenda che mostra quanto il passato, in realtà, sia vicino a noi, ed è quella di Mata Hari. Su questo affascinante personaggio sono stati scritti decine e decine di libri e migliaia di articoli, ma stranamente nessuno storico o appassionato è mai andato a cercare i testimoni, che pure erano a portata di mano: persone che l'avevano conosciuta bene, o che erano direttamente coinvolte nell'*affaire* che condusse alla sua fucilazione.

Mi occupai di questa vicenda per puro caso. Ero ancora a Parigi quando, nei primi mesi del 1963, uscirono per la prima volta documenti sul suo processo rimasti fino ad allora segreti: il giornalista Alain Presles era stato infatti autorizzato a ricopiarne a mano una parte, nel Forte di Vincennes dove erano custoditi. Pensai di farne un servizio, intervistando lo stesso Presles. Ma mi occorrevano delle immagini. E, possibilmente, dei testimoni.

Anche in questo caso feci un po' di conti: Mata Hari (alias Margaretha Zelle) era nata in Olanda nel 1876 e venne fucilata in Francia nel 1917, all'età di quarantun anni. Una persona che aveva quarant'anni nel 1917 ne avrebbe avuti ottantasei nel 1963. Quindi, forse, in giro per l'Europa poteva esserci ancora qualcuno che aveva avuto modo di conoscerla.

Mi rivolsi a una giornalista all'epoca molto famosa, Carmen Tessier, che teneva una rubrica seguitissima sul quotidiano "France-Soir", e lei gentilmente dedicò un articoletto a questa mia ricerca. Cominciarono ad arrivare le prime lettere, alcune delle quali piene di suggerimenti, e a spuntare i primi testimoni. Feci altrettanto con un settimanale che si occupava di televisione molto popolare in Olanda (Mata Hari era olandese), e poi anche con un settimanale indonesiano di Sumatra, dove Mata Hari aveva vissuto per parecchi anni (e dove aveva avuto modo di assistere alle danze che furono all'origine del suo successo). Conclusione: ritrovai 45 testimoni! Alcuni anche molto importanti.

Dal passato rispuntarono, tra gli altri, sette compagne di scuola, il violinista dell'orchestra che accompagnava le sue esibizioni, un'attrice che recitò con lei, un manager che la licenziò (e subì un processo per questo), un ufficiale di cui Mata Hari si era innamorata, la parrucchiera, un maggiordomo che le lavava la schiena... Ma anche persone coinvolte nel caso di spionaggio, come una donna, agente dei servizi segreti francesi, che la pedinava e apriva di nascosto le sue lettere a Madrid (è lì che Mata Hari commise l'errore che le costò la vita). E poi la figlia del magistrato che condusse l'inchiesta, il capitano Pierre Bouchardon, che possedeva ancora le lettere dal carcere di Mata Hari e, soprattutto, la copia originale del rapporto, il vero documento segreto dell'inchiesta! (Di cui ottenni una fotocopia, insieme alle lettere.)

Ma non è tutto: ritrovai anche la vedova del ministro di Giustizia che doveva decidere sulla grazia, e lei mi raccontò dei dubbi di quella notte.

E poi una suora, suor Sabine, in un convento nel Nord della Francia: fu lei a sorvegliare Mata Hari in cella per tre mesi, come prevedeva il regolamento dei condannati a morte.

E infine persino tre soldati del picchetto d'esecuzione, cioè soldati che dovevano presenziare all'esecuzione e presentare le armi al passaggio della condannata, secondo uno strano rituale militare. Dopo quasi mezzo secolo, riuscii a riportarli al Forte di Vincennes, dove aveva avuto luogo la fucilazione, e loro identificarono il punto esatto in cui questa era avvenuta.

Tutti e tre furono concordi nell'affermare che Mata Hari si comportò fieramente di fronte alla morte. Rifiutò la benda e guardò bene in faccia l'ufficiale che dava l'ordine di aprire il fuoco.

Trovai anche una testimonianza scritta del capitano Bouchardon, presente alla fucilazione, che rivelò che quasi tutti i soldati del plotone di esecuzione spararono a lato! Solo tre pallottole la colpirono: una le trapassò il cuore, fulminandola.

Era veramente una spia?

Indubbiamente ascoltando tutte queste testimonianze si capisce meglio la personalità e la psicologia di Mata Hari. Era una stella di prima grandezza, libera nei suoi rapporti con gli uomini (prendeva lei l'iniziativa), sempre alla ricerca di qualcuno che le pagasse i salatissimi conti d'albergo e di occasioni per brillare, essere ammirata e far parte del bel mondo. Questi tratti del carattere aiutano a capire meglio l'*affaire* di spionaggio.

Non aveva la vocazione della spia. All'epoca aveva quarant'anni e non danzava più. Si era ritirata in Olanda: accettò una proposta dei tedeschi di diventare l'agente H21 per tornare a Parigi e ritrovare la vita brillante di un tempo. Accettò però poi anche un ingaggio da parte dei Servizi francesi, che le promisero grandi somme di denaro (ma si trattava di una trappola, perché in realtà sospettavano di lei). In quel momento Mata Hari era perdutamente innamorata di un giovane ufficiale russo, e sognava un futuro insieme.

Per quanto riguarda lo spionaggio, è opinione diffusa tra gli storici che non abbia mai fornito informazioni veramente importanti. Fece il doppio gioco per se stessa, per i quattrini, in una partita per lei troppo grande.

Ma per i francesi, formalmente, Mata Hari era una spia, con tanto di numero di matricola (si è saputo poi che era stata addestrata dai Servizi tedeschi a Colonia, addirittura dalla famigerata e misteriosa agente Fräulein Doktor). E lei stessa aveva rivelato ai tedeschi di essere stata ingaggiata dai francesi.

La pena di morte era inevitabile, in un momento difficilissimo per la Francia; la guerra andava male, e si erano verificati ammutinamenti e sanguinose repressioni. Non si potevano graziare le spie mentre i soldati morivano al fronte.

VIII

Il termosifone di Citterich

Negli anni Sessanta mi sarebbe piaciuto fare un'esperienza come corrispondente dall'Unione Sovietica. Si era in piena guerra fredda, e la sede di Mosca era importante, anche se difficile.

Proprio per questo cominciai a studiare il russo, per avere un punto in più nel caso l'opportunità si fosse presentata. Poi ci presi gusto, e lo studiai per sei anni.

Mi resi rapidamente conto che le grammatiche (e anche i dischi) non insegnavano le parole che mi interessavano, così registrai sul mio registratore portatile quattromila vocaboli, che ascoltavo quando andavo in auto. E ogni tanto compravo la "Pravda" e la "Izvestija", che erano in vendita in un'edicola di Parigi, ed essendo un ritratto dell'Unione Sovietica del tempo erano molto interessanti da leggere. La "Pravda", più che un giornale, era soprattutto una raccolta di discorsi di varie autorità trascritti interamente. La "Izvestija" dava più notizie, ma tutte naturalmente scelte e orientate nel modo più opportuno. Mi colpiva una rubrica il cui autore si firmava "Poeta di Stato".

A Mosca, alla fine, andai come semplice turista, nel dicembre del 1967.

Fu un viaggio decisamente interessante. Intanto per la bellezza della città, ancora più magica sotto la neve. Poi per la ricchezza dei musei. Ero un appassionato di icone, e veramente per me fu una gioia visitare musei come la Galleria Tret'jakov: non sarei più uscito.

Gli alberghi per turisti erano confortevoli, a parte la strana sensazione di essere osservati. A ogni piano dell'albergo c'era un addetto: al nostro, c'era una signora che mi ricordava molto l'agente donna di un film di 007 ambientato in Russia, quella con una lama che scattava fuori dalla scarpa.

In Unione Sovietica, in quel periodo, c'era uno stretto controllo degli stranieri, e me ne resi conto quando una sera andai a cena da Vittorio Citterich, che era allora il corrispondente della RAI. Abitava insieme ad altri giornalisti in un grigio edificio che aveva un soldato di guardia. Citterich era convinto che in casa ci fossero microfoni nascosti, forse anche nei termosifoni. E, ogni tanto, si divertiva a passare rapidamente un cucchiaio sui termosifoni e a produrre un rumore infernale nelle orecchie di chi fosse stato in ascolto.

Quella sera a cena c'era anche un monsignore canadese che risiedeva a Mosca, non ricordo per quale ragione. Raccontò una cosa che rappresenta bene l'atmosfera che si respirava a quei tempi: le confessioni dei fedeli non le raccoglieva più oralmente ma per iscritto, proprio per il timore di microfoni nascosti. I bigliettini con i peccati, una volta letti, venivano bruciati, in modo che non ne rimanesse traccia. I servizi segreti sovietici erano ghiotti di informazioni sulle debolezze umane (quelle sessuali, in particolare) che potevano finire nei dossier e tornare utili al momento opportuno.

In fila davanti a un negozio

Dal momento che me la cavavo abbastanza bene con il russo, mia moglie e io girammo da soli per la città, distaccandoci dal gruppo turistico. Un giorno vedemmo una fila di persone in attesa davanti a un negozio. Decidemmo di metterci in fila anche noi. Cosa si vendeva? Era un negozio di frutta e verdura, e una volta entrati vedemmo che c'erano due file distinte: in un bancone c'era una catasta di meloni – perché, come scoprimmo, quella era "la settimana del melone" –, ma quasi nessuno li comprava. L'altro bancone era quello dei normali prodotti, dove tutti erano in coda. Ci colpì il fatto che l'addetta ai meloni non dava una mano all'altro reparto: il suo compito era di vendere meloni, e lì rimaneva.

Quel negozio spiegava, meglio di un trattato, la mancanza di flessibilità (e quindi di efficienza) di un sistema centralizzato in cui tutto era statale, e la burocrazia si estendeva anche alla vendita di frutta e verdura.

A pensarci bene, anche per noi in Italia è così. Crediamo di vivere in un'economia di mercato, ma in realtà abbiamo in casa anche l'Unione Sovietica: la Burocrazia.

In quei giorni si trovava a Mosca Giuseppe De Santis (il regista di *Riso amaro*), che stava girando *Italiani brava gente*. Lo conoscevo perché anche lui era un appassionato di icone russe. Mi invitò nell'appartamento ammobiliato messo a sua disposizione dalla produzione, e rimasi stupito di trovare in salotto il frigorifero, certamente segno di ricchezza, per l'epoca.

De Santis mi portò in un luogo straordinario, una chiesa sconsacrata dove arrivavano da tutta la Russia antiche icone! Erano icone spesso quasi completamente annerite dai fumi delle candele. Ce n'erano a cataste! Alcune in vendita. Comperai due pannelli di iconostasi, con regolare certificato. Avevo infatti resistito alle offerte che strani personaggi facevano ai turisti stranieri per strada, non tanto per il rischio di acquistare delle patacche (quelle erano riconoscibili a prima vista), ma per evitare guai ai controlli aeroportuali. Più di una volta dei turisti (ma anche equipaggi di compagnie aeree) erano stati arrestati per traffico di opere d'arte. Si diceva persino che, in certi casi, si trattava di una trappola per incastrare personaggi non graditi.

Ma quel viaggio me lo ricordo bene anche per un'altra ragione.

La nascita del nuovo Telegiornale

Appena rientrai a Bruxelles, al mattino presto, ricevetti infatti una telefonata da Roma; era il direttore del Telegiornale, Fabiano Fabiani. Senza perdersi in preamboli, mi disse: "Vieni a Roma, ti debbo parlare". Era il 7 gennaio del 1968, una domenica. Gli chiesi, un po' sorpreso: "Cosa è successo?". "Vieni giù" rispose lui. Cominciai a inquietarmi. Gli dissi che sarei partito l'indomani mattina. "No, adesso. Con il primo aereo." Presi quindi il primo volo, e nel pomeriggio ero già a Roma.

Fabiani mi disse che da più di un mese stavano preparando una nuova edizione, quella delle 13.30: un Telegiornale sperimentale, completamente nuovo. Fino ad allora, infatti, le notizie venivano lette dagli annunciatori, inevitabilmente in modo rigido e ufficiale; ora invece sarebbero stati i giornalisti a raccontare gli eventi, con collegamenti, filmati e interviste in studio (cioè la formula che oggi si usa in tutti i notiziari televisivi).

Mi spiegò che avevano problemi per la conduzione. Un conduttore l'avevano trovato, Andrea Barbato, ma ne mancava un altro. Aggiunse: "Domani mattina vai in redazione, e alle 13.30 si fa una prova completa, come se andassimo in onda". Gli dissi subito che tornare a Roma a condurre il Telegiornale non mi andava proprio per niente. "Intanto facciamo, poi ne parliamo."

Il mattino seguente andai quindi in redazione. Il caporedattore di quell'edizione era Biagio Agnes (futuro direttore generale della RAI). Alle 14, finita la prova, uscii dallo studio e Fabiani mi disse: "Adesso riparti per Bruxelles, e mercoledì torni giù con la valigia, perché lunedì prossimo iniziamo".

"Un momento, un momento..." protestai io.

Parlammo a lungo; conosceva bene la mia poca simpatia per la politica italiana (soprattutto dopo tredici anni di permanenza all'estero) e la mia indipendenza. Mi rassicurò dicendo che questo nuovo Telegiornale era diverso dagli altri, con inviati propri e, soprattutto, con uno spirito completamente nuovo.

Inoltre, con la formula a tre in studio (un conduttore, un redattore per gli interni e uno per gli esteri), la cronaca politica quotidiana, il famoso "pastone", non avrei dovuto sorbirmelo io. In più, alternandomi con Andrea Barbato, avrei avuto molti spazi liberi da dedicare ai servizi, e persino ai documentari.

Devo dire che Fabiani mantenne la promessa: fu un Telegiornale innovatore, più completo e professionale (e Agnes si rivelò un caporedattore davvero creativo). Inizialmente temevo la loro matrice democristiana doc: in realtà, scelsero due laici per la conduzione e collaboratori esterni di alto profilo giornalistico. L'obiettivo era quello di creare una nuova immagine dell'informazione RAI, puntando sulla qualità.

Quando tornai a Bruxelles, con Margherita, ragionammo su questa opportunità: eravamo lontani dall'Italia da tredici anni, e quella, forse, era un'occasione giusta per rientrare. Avremmo fatto continuare gli studi in francese ai nostri figli, per essere pronti eventualmente a ripartire.

Mercoledì 10 gennaio 1968 arrivai dunque a Roma con la mia valigetta e mi installai nel vicinissimo Hotel Clodio. La redazione era al quarto piano del palazzo RAI di via Teulada, un grande stanzone in cui si lavorava tutti insieme. Non c'erano i computer e dettavamo i testi alle dattilografe, mentre altri chiacchieravano o parlavano al telefono, con gente che entrava e usciva.

Mi abituai rapidamente, con mia sorpresa, a isolarmi da quel rumore di fondo e a concentrarmi. Ricevevamo in continuazione le notizie da varie agenzie, e l'ultima ora era quella in cui si concentrava la gran parte del lavoro: vedere i servizi, parlare con le sedi, scrivere i testi.

In studio c'era un Eidophor: un enorme schermo che occupava un'intera parete, praticamente un televisore gigante per i collegamenti in diretta.

Lunedì 15 gennaio, finalmente, partimmo con il nuovo Telegiornale. Io dovevo condurlo per le prime due settimane. In studio, per gli esteri c'era Ottavio Di Lorenzo, e per gli interni Rodolfo Brancoli.

Ma nella notte tra il 14 e il 15 gennaio – proprio alla vigilia della partenza del Telegiornale – si verificò un evento tragico: il terremoto del Belice. Tutto quello che avevamo preparato venne buttato via. Andammo in onda un'ora prima, alle 12.30, e proseguimmo a lungo.

Il colonnello Bernacca

Quel nuovo modo di fare informazione, molto più aperto e diretto, creò un clima più coinvolgente, e quel primo periodo fu stimolante, sia per la redazione che per i tecnici. Tra le novità c'era anche l'uomo della meteorologia, il colonnello Edmondo Bernacca. Un uomo gentile e di grande umanità. Durante le prove, il colonnello ebbe qualche dubbio sulle sue "prestazioni", e mi chiese un parere. Gli dissi: "Colonnello, lei avrà un grande successo, perché sa essere se stesso".

Diventò un personaggio molto amato. Il suo numero di telefono era sulla guida di Roma, e mi disse che ogni tanto la domenica mattina alle 5 lo svegliavano dei cacciatori per sapere le previsioni del tempo. E lui, pazientemente, rispondeva...

In quegli anni non c'era ancora la corsa all'audience: non c'era concorrenza, la RAI era l'unica emittente.

Al mattino ricevevamo non l'indice di ascolto, ma quello di gradimento. Esisteva un servizio RAI che telefonava a gruppi di abbonati della radio e della televisione per chiedere il loro parere su specifici programmi. Il più alto indice di gradimento era quello della Messa, 92 punti percentuali. Uno dei più bassi, quello di un programma radiofonico di Renzo Arbore, che paradossalmente si chiamava "Alto gradimento", un programma bellissimo, che ha fatto la storia della RAI (ed è significativo che il pubblico di quell'epoca non fosse in grado di apprezzarlo).

Il TG della sera aveva un indice di gradimento pari a 78. Praticamente stabile. La cosa stupefacente è che una sera ci fu uno sciopero, e in studio si presentò solo un giornalista che lesse il comunicato sindacale, poi un breve riassunto delle principali notizie, senza filmati. Il giorno dopo andammo a controllare l'indice di gradimento: sempre 78! O il rilevamento era fasullo, oppure (ipotesi inquietante) la gente in realtà si accontentava delle notizie, date brevemente, per sapere quello che era successo, senza tante complicazioni.

Il linguaggio dei politici in TV

Va detto che i politici di quel tempo parlavano un linguaggio difficilmente comprensibile dalla gente (del resto, era l'Italia di mezzo secolo fa, molto meno scolarizzata di oggi: per dire, un cinquantenne di allora era nato prima della Grande Guerra, quindi cresciuto in un paese ancora molto analfabeta). Era stata fatta una ricerca sul livello di comprensibilità delle dichiarazioni dei politici in televisione, con risultati agghiaccianti (e in certi casi esilaranti).

In qualche occasione, persino gli esperti avevano problemi a decodificare il politichese stretto.

Ricordo una scena tragicomica in redazione: Mario Pastore (che in studio doveva spiegare la politica interna nell'équipe di Andrea Barbato e Ugo D'Ascia) stava cercando di interpretare una frase di Aldo Moro battuta dalle agenzie. Aldo Moro era famoso per il suo linguaggio "raffinato", diciamo così, e leggendo questa frase non si capiva se aveva preso le distanze "nella" maggioranza o "dalla" maggioranza. Due cose ovviamente molto diverse.

Dovendo andare in onda, Mario Pastore continuava a telefonare a vari addetti stampa della Democrazia Cristiana, ma nessuno sapeva dargli una versione ufficiale. Tra una telefonata e l'altra si sentivano frasi irripetibili...

A proposito di comprensione del linguaggio politico, mi viene in mente un episodio che mi avevano raccontato allora alcuni colleghi. Un redattore, credo Brando Giordani, doveva recarsi a un convegno con un operatore per realizzare un servizio del Telegiornale. All'ultimo momento, non potendo muoversi, disse all'operatore: "Vai tu, è già tutto concordato: fai le riprese del convegno, e all'uscita il ministro rilascerà una dichiarazione". E l'operatore, Giulio Giandinoto, personaggio conosciuto per le sue uscite "spontanee", così fece. Al termine del convegno, avvicinò il ministro e gli disse: "Signor ministro, c'è la RAI per la dichiarazione". "Quale dichiarazione?" chiese il ministro, che evidentemente non era stato informato ed era un po' incerto sul da farsi. L'operatore, però, che doveva tornare con il servizio, insisteva. "Ma cosa devo dire?" chiese il politico. "Le solite quattro fregnacce, tanto non le ascolta nessuno!..." concluse il Giandinoto. Il che era, in grandissima parte, la verità.

Questa uscita divenne famosa, e anni dopo mi capitò di sentirne una variante, per così dire, "anglosassone". Ricevetti infatti un piccolo premio di ecologia, e prima della cerimonia chiesi al presidente della manifestazione, un uomo politico con un cognome illustre, se dovessi fare un discorsetto, e quanto lungo. Era un personaggio molto "english", e mi rispose, testualmente: *"Four frégnach...".*

La storia minore della RAI è piena di aneddoti divertenti, ed è un peccato che nessuno li abbia raccolti. Anche piccole storie che mostrano la creatività messa in atto dalle varie troupe per risolvere i problemi che puntualmente sorgevano nel corso delle missioni. Durante la crisi di Cipro del 1974, una troupe RAI si trovava sul posto, e arrivò la notizia che i combattimenti stavano riprendendo. La troupe partì a gran velocità con l'automobile e, giunta nel punto in cui doveva filmare, l'inviato (un signore non più giovane) si accorse che per la fretta aveva lasciato in albergo i suoi denti davanti... I tentativi di girare il servizio in quelle condizioni risultarono vani, ed ecco allora la soluzione: il tecnico del suono Marinozzi mi raccontò che presero del nastro isolante bianco, quello usato per chiudere le scatole di pellicola, vi disegnarono sopra dei denti, e lo incollarono tra i due canini! Così i telespettatori furono informati sulla situazione cipriota.

Obiettività

Negli anni Sessanta i socialisti erano già entrati nel Governo, quindi si era creato un certo equilibrio con la presenza democristiana, che si rifletteva anche nelle redazioni. All'epoca si diceva: due democristiani, un socialista e uno bravo... Ma c'erano anche giornalisti di area comunista. Stava cominciando quell'operazione di differenziazione che doveva portare, pochi anni dopo, a una tripartizione della RAI: il primo canale alla DC, il secondo al PSI, il terzo al PCI. E così per la radio. In quel modo, ognuno era "obiettivo" a modo suo.

Sull'obiettività, in quel periodo, si fecero tante discussioni, anche perché la RAI, in quanto servizio pubblico, deve dare spazio a tutte le voci in modo equilibrato, ma, inevitabilmente, deve anche operare scelte giornalistiche. Per esempio, dando spazi e collocazioni differenti alle varie notizie, scegliendo quali dare e quali no, trasmettendo certe interviste piuttosto che altre. Senza contare che il conduttore in studio può raccontare i fatti con accentuazioni diverse, e molto altro ancora.

Penso che non ci siano regole in grado di codificare l'obiettività: l'obiettività sta "dentro" le persone.

Spesso, a proposito di obiettività, si cita una frase scritta all'ingresso dell'edificio che ospita il "New York Times": "Tutte le notizie che vale la pena di stampare". Ma sotto quella scritta ce n'è un'altra che non viene mai citata: "Senza l'intenzione di favorire o danneggiare qualcuno". Questo è il punto. Senza l'intenzione di... Con questo spirito tutto si può dire, nei modi giusti.

Walter Cronkite, per decenni icona del giornalismo televisivo americano sulla rete CBS, raccontò in modo chiaro e impegnato tutti i momenti caldi della società statunitense: dal Vietnam al Watergate, dalle rivolte razziali alle varie campagne elettorali. Ebbene, quando andò in pensione la gente si interrogava: "Come votava Cronkite? Democratico

o repubblicano?". Cronkite lo considerò il miglior complimento possibile.
Per questo, però, bisogna essere uomini liberi, non portatori di interessi personali, politici, economici o di altro tipo.
Ma i telegiornali soffrono di un male antico, oggi ancor più di ieri.

Il varo interessa se va male

Rispetto al passato, oggi i telegiornali sono certamente molto più completi, agili, ricchi di collegamenti, anche grazie alle nuove tecnologie, con conduttrici e conduttori bravi, alcuni bravissimi.
Penso però che si sia accentuato un problema che già esisteva ai miei tempi.
Cito un piccolo episodio che illustra bene quello che intendo dire. Quando iniziai il mio lavoro alla RAI, nel 1952, alle 11 del mattino c'era ogni giorno un collegamento in bassa frequenza (cioè a uso interno) tra il caporedattore delle radiocronache a Roma, Carlo Bonciani, e le varie sedi RAI, per concordare i servizi della sera. "Milano, cosa avete per 'Radiosera'?" "Venezia?" Quando venne il turno di Genova, il radiocronista (era Sandro Baldoni) propose un servizio sul varo di una nave. Erano gli anni della ricostruzione, e i cantieri navali avevano ripreso a lavorare. La risposta fu: "Sandro, te l'ho già detto. Il varo interessa se va male!".
Quella fu per me la prima grande lezione di giornalismo. "Il varo interessa se va male"...
Riflettei a lungo su questa frase, e ancora oggi è per me la chiave di lettura di tante notizie e di tanti dibattiti che vediamo in TV.
Tutta l'informazione è profondamente influenzata dall'emozione. E c'è una ragione molto precisa: il nostro cervello, attraverso una lunga evoluzione, è stato costruito per reagire a stimoli che possono rappresentare un allarme, oppure una fonte di piacere o di gratificazione, mettendo in azione un arcaico meccanismo di attenzione e di attrazione.

In altre parole, tutto ciò che è emotivo interessa e ha la precedenza rispetto a ciò che non lo è. Basta guardare la scaletta-tipo di qualunque Telegiornale per rendersene conto, a cominciare dalla pagina politica: interessano le polemiche, le crisi, i processi, gli scontri, le tasse; e poi gli incidenti, le guerre, i naufragi, gli accoltellamenti, il maltempo, o qualunque altra notizia capace di colpire: vicende commoventi, ma anche storie d'amore, o notizie curiose, divertenti, o che riguardano il mondo dello spettacolo e ancor più quello dello sport, dove l'impatto emotivo è molto forte. A volte, una semplice frase infelice di un personaggio famoso è materia sufficiente per generare una serie di titoli, polemiche, commenti.

Purtroppo è "normale" che sia così. Normale nel senso che sono proprio queste le cose che attirano l'attenzione, e se un Telegiornale non le seguisse perderebbe pubblico e ascolti.

Certo, i telegiornali si occupano anche di altre notizie: economia, finanza, cultura, politica internazionale. Ma, secondo voi, quanto capisce il pubblico quando vede le immagini di uomini politici che si incontrano a Bruxelles o altrove, scendendo dalle auto e stringendosi le mani, mentre il testo racconta tutt'altro, cercando di riassumere in poche frasi argomenti il più delle volte molto complessi? Ho conosciuto in prima persona questo problema quando ero corrispondente della RAI da Bruxelles. Secondo la mia esperienza, è possibile spiegare a un grande pubblico anche questioni complesse, aiutandosi magari con una grafica efficace, che permetta di far comprendere i concetti base. Inutilmente chiesi più volte alle strutture della Comunità Europea di preparare dei grafici sui problemi in discussione, che ognuno avrebbe poi potuto montare e commentare in modo personale.

Per quanto riguarda poi l'economia, essa non deve riguardare solo l'andamento della Borsa, il numero degli occupati, le notizie sulle industrie in crisi, le trattative sindacali, le difficoltà dei pensionati, eccetera. Deve spiegare soprattutto i "perché" di fondo – dovuti in buona parte anche alla tecnologia – all'origine dei tanti ritardi dell'Italia: produttività, efficienza (in ogni campo), ricerca, scuola, innovazione, merito, attrattività, competitività. Sono questi i problemi sui quali occorre puntare di continuo i riflettori, perché è qui che si gioca la partita della sopravvivenza del nostro paese. Ma ciò non avviene quasi mai. Si parla molto degli effetti, troppo poco delle cause. E questo non aiuta a capire i problemi e a riflettere su dove cercare le soluzioni. Per esempio, oltre a segnalare l'indice Dow Jones, sarebbe utile mettere in evidenza l'aumento giornaliero del Debito Pubblico, che mostra come continuiamo a fare debiti per somme enormi (cioè quanto viviamo al di sopra dei nostri mezzi). Oppure denunciare quanti soldi perdiamo ogni giorno per il non utilizzo dei fondi europei a causa di ritardi, mancanza di progetti, incapacità di formulare le richieste. O, ancora, spiegare che la nostra produttività è praticamente ferma da una quindicina d'anni, mentre è aumentata in tutti i nostri partner europei. Mancare di produttività vuol dire in sostanza essere inefficienti, non riuscire a ottenere certi risultati pur avendone potenzialmente i mezzi.

Queste cose dovrebbero essere spiegate bene (cercandone i rimedi) in articolati programmi di approfondimento. Ma i dibattiti che vediamo in TV (non tutti) sono vittime anch'essi di forti meccanismi emotivi, e spesso si trasformano in scontri, nei quali è difficile ragionare. E sappiamo bene che, se si invitano certi personaggi in studio, la lite è assicurata (e l'ascolto ci guadagna).

Questi dibattiti, inoltre, alimentano un devastante effetto collaterale: la contrapposizione continua di tutti contro tutti, amplificata dall'impeto polemico della discussione. I padri costituenti resterebbero allibiti ad ascoltare i linguaggi di oggi.

Ma c'è di più.

Politica e informazione

Non c'è solo il problema dell'emotività, e delle distorsioni che essa porta con sé: ce n'è un altro, a mio avviso più profondo, che non riguarda solo l'informazione, ma l'illusione che in generale si ha della politica e del suo ruolo. Cioè l'idea che sia la politica a determinare le sorti del paese, facendolo crescere e creando sviluppo e ricchezza.

In realtà, nell'intera storia dell'umanità, la politica non ha mai creato ricchezza. Nessun tipo di politica. Per secoli e millenni la gente è rimasta povera, analfabeta, con una vita breve e grama, con poco cibo e senza possibilità di curarsi. Come mai, quasi di colpo, tutto è cambiato?

Perché scienza e tecnologia hanno creato sempre più ricchezza grazie al sapere acquisito nel corso dei secoli e alle macchine inventate per merito loro. Quando infatti nella produzione di cibo, oggetti ed energia sono entrate le macchine, tutto è cambiato: all'epoca dell'Unità d'Italia, i contadini erano oltre il 70 per cento della popolazione, oggi sono solo il 4 (producendo molto più cibo di allora); gli analfabeti erano anch'essi intorno al 70 per cento, mentre oggi c'è la scuola di massa; il reddito si è moltiplicato, e sono aumentate sempre più le risorse per realizzare infrastrutture e servizi sociali, come mai era successo in passato.

E la politica? La politica distribuisce tutto questo, non lo crea. Anche l'economia non ha mai creato ricchezza, l'ha gestita.

Questo vuol dire due cose:

1) Non è cambiando maggioranze che si crea sviluppo. Così si cambia solo il tipo di distribuzione della ricchezza e del potere.

2) La politica è invece importantissima se non si limita a distribuire ricchezza ma contribuisce a crearla, utilizzando tutto il suo ricco repertorio di tecniche economiche, finanziarie, monetarie, giuridiche, per agire su quelle potentissime leve della crescita cui accennavo prima: produttività,

efficienza, educazione, innovazione... Ma anche valori, rispetto delle regole, lungimiranza, eccetera.

Il fatto è che, quando si parla o si scrive di politica, sembra che il futuro del paese ruoti intorno a questo o quel cambio di alleanze, alla scissione o meno di una minoranza, alla data di un congresso, alle liste bloccate oppure no, a quello che ha detto in un'intervista (o "fuori onda") un importante personaggio e alle pronte repliche che ne sono scaturite, ai collegi nominali, al doppio turno oppure no. Tutto questo spesso accompagnato da analisi raffinate, ragionamenti ineccepibili, dibattiti accalorati.

Ma per fare che cosa?

È incredibile come una società che vuole essere moderna e competitiva abbia invece una ricerca umiliata, un'educazione che nei test internazionali risulta nelle posizioni di coda, un merito negato, un'assenza disperante di cultura scientifica, valori calpestati, una Giustizia lentissima, una mancanza di attrattività per gli investimenti dall'estero, una Pubblica Amministrazione che ostacola anziché aiutare lo sviluppo, una corruzione diffusa, università considerate tra le ultime nelle classifiche internazionali, pochissimo sostegno all'innovazione creativa e all'eccellenza, una produttività ferma da quasi quindici anni, una cultura e un'informazione che non parlano quasi mai del ruolo "filosofico" della tecnologia, ma solo delle sue "meraviglie" o dei suoi guasti (che sono spesso proprio il frutto di un'incapacità di capirla e gestirla).

È evidente che se un paese ha tutti questi problemi e non li pone in primissimo piano per risolverli con urgenza, anche attraverso una continua informazione, sarà molto limitato nella produzione di ricchezza. E di conseguenza anche nella sua distribuzione, sotto ogni forma.

E quindi cosa fa? Debiti. Ma se si hanno debiti vuol dire che si vive al di sopra dei propri mezzi. Il debito pubblico, in questi anni, ha continuato a salire (anche perché bisogna continuare a pagare gli interessi sui titoli di Stato), raggiungendo cifre da capogiro. Quando si parla di cifre di questa grandezza, non si riesce bene a visualizzarne l'entità. Ho fatto un conto: se si mettono in fila delle banconote da cento euro, una accanto all'altra, sapete quanto diventerebbe lungo questo "nastro"? Cinque volte la distanza dalla Terra alla Luna! Dove sono andati tutti questi soldi? Soldi che erano nostri, e che abbiamo prodotto noi. E quanto si parla e si discute di tutto ciò?

Questi problemi ho cercato di raccontarli in modo più articolato in un libro (*A cosa serve la politica?*), per spiegare quanto sia importante rendere i cittadini (ed elettori) consapevoli di questa situazione, e quanto sia utile usare al meglio le tecniche divulgative per riuscire a spiegare argomenti spesso complessi.

E anche per far capire che, se un paese vuole crescere e avere maggior reddito, più benessere, più servizi sociali, pensioni più alte, più occupazione, non basta protestare, bisogna fare in modo che la "macchina" funzioni in modo più efficiente, perché solo così può produrre più ricchezza.

È sempre l'antica bilancia a due piatti a dire la verità. Per capire lo sviluppo (o le difficoltà) di un paese basta guardare cosa c'è nei piatti. Il nostro paese ha urgenza di essere meglio informato e di trarre le dovute conseguenze. Se questo non lo fa in particolare la televisione, che raggiunge un pubblico enorme e ha i mezzi per farlo, chi altri può?

Nel momento drammatico in cui lo spread era quasi arrivato a un punto non più sostenibile, e venne chiamato al Governo Mario Monti (era l'autunno del 2011), feci un programma in prima serata per spiegare tutto questo in un modo molto creativo: portai una mucca vera in studio, che simboleggiava la produzione della "ricchezza", il latte; poi, con un mestolo, distribuivo questo latte in contenitori diversi, a seconda delle politiche. Quindi "dialogavo" con un bambino di un anno in un recinto, spiegandogli cos'era il debito pubblico. Avevo anche delle carriole piene di banconote, che versavo in un buco "a perdere" (gli interessi sul debito). Inoltre il pavimento, con un effetto speciale, si apriva in studio, e io mi calavo con una torcia a esplorare la "cantina" del nostro paese, con tutti i suoi guai e le sue potenzialità bloccate.

Credo che sia stato uno dei miei migliori programmi, e che soprattutto abbia spiegato bene quali erano i problemi che dovevamo affrontare.

Ebbene, la sola e unica cosa che mi disse un altissimo dirigente RAI fu che il programma aveva fatto un ascolto inferiore alla media della rete...

IX

Il maggio del '68

Nella conduzione del Telegiornale delle 13.30, Andrea Barbato e io ci alternavamo per seguire i grandi eventi, realizzando servizi e collegamenti come inviati. Nel maggio del '68 mi trovai a Parigi per occuparmi della famosa contestazione che paralizzò il paese, una specie di insurrezione generale messa in atto da parte di studenti, operai, sindacati, intellettuali, impiegati. È come se un virus avesse improvvisamente contagiato tutti, con manifestazioni, assemblee, scontri con la polizia. I ristoranti erano chiusi, i negozi sempre pronti ad abbassare le saracinesche, mentre i cortei percorrevano avenue e boulevard.

Ma per fare che cosa? Non si capiva bene. C'era molto cuore in quella contestazione, ma poca testa. Per tentare di comprendere meglio, cercai di intervistare uno dei leader studenteschi della rivolta, e per farlo andai al Teatro dell'Odéon, dove si teneva un'assemblea permanente, giorno e notte. Sembrava di essere tornati ai tempi della Rivoluzione francese.

Due addetti alla sicurezza mi accompagnarono da questo personaggio, il quale disse che doveva essere il popolo a decidere se potevo fare questa intervista oppure no. Mi portarono quindi sul palco del teatro, davanti all'assemblea permanente, e lì dovetti spiegare chi ero, cosa facevo, cosa volevo sapere. Si votò per alzata di mano e fui autorizzato. Devo però confessare che dopo l'intervista, in sostanza, ne sapevo esattamente quanto prima.

Sì, certo, si protestava per le ingiustizie sociali, il desiderio di uguaglianza, l'aspirazione a una società più giusta, un radicale cambiamento del sistema, ma dietro a tutto questo mancava un vero progetto politico. Proprio nei corridoi del Teatro dell'Odéon vidi (e filmai) una scritta su una parete: L'IMAGINATION AU POUVOIR!, l'immaginazione al potere, diventato poi uno degli slogan della contestazione. E in quella scritta c'erano tutti i limiti del movimento. L'immaginazione va bene per immaginare, appunto, ma al potere occorre creatività, cioè capacità di tradurre le idee in azioni politiche ed economiche coerenti, capaci di trasformare la realtà.

E, infatti, a Parigi tutto questo si sciolse in poco tempo come neve al sole, e finì con la marcia della "maggioranza silenziosa" sugli Champs-Élysées, lasciando dietro di sé frustrazioni e cicatrici.

Ma in quel 1968 ci fu un altro evento storico che vissi in diretta: l'assassinio di Bob Kennedy, nella notte tra il 4 e il 5 giugno. Io ero in studio, e Andrea Barbato negli Stati Uniti, dove era andato per seguire la campagna elettorale del giovane senatore, impegnato nelle primarie del Partito democratico in vista delle elezioni presidenziali.

Ricordo che la notizia dell'attentato arrivò in redazione al mattino, e preparammo subito un'edizione speciale, iniziando un'ora prima, alle 12.30, con Barbato in collegamento da Los Angeles.

Fu una giornata terribile, di fortissima tensione, con notizie inizialmente frammentarie, poi sempre più tragiche, sulle condizioni del candidato presidente. Ricordo quelle ore di grande emozione, con tutti i tecnici in studio molto tesi e una piccola folla di alti dirigenti in regia, compreso l'allora direttore generale Ettore Bernabei.

Bob Kennedy si trovava in un albergo di Los Angeles quando, tra la folla, lo avvicinò un giovane uomo, che improvvisamente gli sparò otto colpi di pistola a bruciapelo, di cui almeno tre andarono a segno. Kennedy cadde a terra e, dopo una breve agonia, morì in un vicino ospedale dove era stato trasportato d'urgenza. Si seppe poi che a sparare era stato il giovane giordano di origine palestinese Sirhan Sirhan, ufficialmente per protestare contro il sostegno dato da Robert Kennedy allo Stato di Israele dopo la Guerra dei sei giorni dell'anno precedente. Fu un'ulteriore tragedia, dopo quella del fratello John Fitzgerald, assassinato nel novembre 1963 a Dallas.

La trasmissione andò avanti senza sosta per tutto il pomeriggio, e alle 19 passai la linea ad Arrigo Levi per l'edizione della sera. Fu la prima maratona televisiva.

600.000 persone per mandare due uomini sulla Luna

Quell'anno ebbi anche l'opportunità di seguire da vicino un importante evento storico: la conquista della Luna. Per quasi un anno intero mi recai infatti in continuazione negli Stati Uniti, per occuparmi della preparazione e dei lanci delle missioni Apollo 7, 8, 9, 10, 11 e 12, con dirette, servizi e documentari. Ma soprattutto mi recai in tutti i centri di ricerca della NASA e visitai le industrie che costruirono le "macchine" per andare sulla Luna. Perché per realizzare questa impresa fu necessario il lavoro complessivo di 600.000 persone! C'era un "dietro le quinte" molto interessante da scoprire. Per esempio, tutto il lavoro dei progettisti delle nuove tecnologie: i razzi, i sistemi di comunicazione, le tute, il LEM (Lunar Excursion Module), cioè l'abitacolo che doveva atterrare sulla superficie lunare (uno dei progettisti si chiamava Lea, ed era di origine italiana, per la precisione di Mercenasco, vicino a Torino). E, in particolare, lo straordinario lavoro del gruppo che a Huntsville, in Alabama, aveva concepito "l'operazione Luna" sotto la guida di Wernher von Braun (l'ideatore delle famigerate V2 naziste che colpirono Londra). La cosa curiosa è che, quando arrivai in quel centro, i nomi dei posti riservati nel parcheggio erano in buona parte tedeschi... Era il gruppo di scienziati che alla fine della guerra si era arreso agli americani ed era stato trasferito negli Stati Uniti per lavorare a progetti missilistici.

Ebbi occasione di incontrare varie volte von Braun. Mi colpì la sua fiducia nel futuro della tecnologia spaziale e il suo ottimismo per le future imprese. "Ho imparato che non esiste la parola impossibile." Già pensava al dopo Luna, e alla conquista di Marte.

Gli chiesi se una missione su Marte sarebbe stata possibile e quanto tempo avrebbe richiesto. "Se ci sono i fondi, penso che potremmo arrivarci fra meno di quindici anni." In realtà dopo il successo della Luna (un successo non solo mediatico, ma politico e militare) la sfida era ormai vinta, e gli Stati Uniti – e soprattutto i suoi contribuenti – non avevano alcuna voglia di impegnarsi in una nuova avventura ancora più rischiosa e costosa, e senza neppure uno sfidante.

Un contadino lucano a capo del progetto Luna

La prima volta che visitai il John F. Kennedy Space Center, a Cape Canaveral, in Florida, rimasi colpito dal "gigantismo" di quell'operazione: il razzo *Saturn V* era alto 110 metri, come un grattacielo di 35 piani, e l'hangar nel quale veniva assemblato era il "contenitore" più grande al mondo, con un soffitto talmente alto che ogni tanto l'umidità si condensava e ci pioveva dentro... Il veicolo per trasportare questo monumento sulla rampa di lancio aveva delle ruote alte come una stanza.

Ma c'è un'altra cosa che attirò la mia attenzione, la prima volta che arrivai a Cape Kennedy (così si chiamava allora Cape Canaveral). Sfogliando il "Directory", cioè l'elenco degli uffici e dei funzionari della NASA, vidi un nome italiano: Rocco Petrone. Aveva una posizione molto importante: era addirittura il direttore del lancio! Presi appuntamento e lo incontrai. Quando gli chiesi se era di origine italiana mi rispose testualmente: *"Sugnu du paese de Sasso de Castalda in provincia de Putenza"*!

Mi raccontò che era figlio di emigrati poveri arrivati in America per fare fortuna. La sua è una storia molto bella ed esemplare, che dovrebbe far riflettere. Suo padre morì quando lui era ancora piccolo. La madre lavorava come operaia in una fabbrica di guanti e fece ogni genere di sacrificio per farlo studiare. Rocco era un ragazzo molto intelligente e riuscì a vincere un concorso per entrare all'Accademia militare di West Point. E in seguito a laurearsi in ingegneria spaziale al prestigioso MIT di Boston.

In Italia una troupe della RAI andò a girare nel piccolo paese di Sasso di Castalda, dove vivevano ancora anziane zie vestite di nero, in antiche case col camino annerito dal fumo. Se fosse rimasto nel suo paesino, Rocco Petrone sarebbe diventato probabilmente un bravo contadino: in una società che premia il merito era invece diventato l'uomo che dirigeva il lancio per la conquista della Luna. Non solo, ma in seguito fu nominato capo di tutte le missioni Apollo. Vale la pena di fare una piccola riflessione ispirata da questa storia su quanto sia importante la selezione basata sul principio di mettere gli uomini giusti al posto giusto. Se la NASA avesse adottato certi nostri criteri, avrebbe forse corso qualche rischio.

Le grandi emozioni del lancio

Tutto era rischioso, in quelle missioni, ma certamente il lancio era il momento della verità: ogni singolo dettaglio doveva essere perfetto, ognuno dei milioni di pezzi di cui era composto il razzo *Saturn V* doveva funzionare con precisione assoluta.

Ogni volta era un'emozione vedere quella gigantesca candela alzarsi lentamente in un mare di fumo e fiamme, con un rumore violentissimo che ricordava quello di un lenzuolo strappato, e una vibrazione che prendeva lo stomaco. Il battito cardiaco dei tre uomini incapsulati nella punta veniva registrato a terra, e durante il decollo era al massimo. Poi, finalmente, l'applauso liberatorio appena superata la fase critica. Ho visto persone piangere di commozione mentre il *Saturn V* si alzava.

In un certo senso le immagini che davano realmente l'idea della grande tensione di quei momenti erano le facce dei tecnici che scrutavano ogni attimo delle fasi di decollo, dei responsabili della NASA in ansia per un possibile disastro, delle mogli e dei figli degli astronauti che si tenevano per mano, alcuni pregando; e delle tante persone che con le lacrime agli occhi mormoravano: "Vai! Vai! Vai!".

Proprio per questo, in occasione della partenza dell'Apollo 11, la missione che nel luglio del 1969 portò i primi uomini sulla Luna, ero riuscito a ottenere sul terreno di lancio tre operatori che dovevano filmare non la partenza del razzo (c'erano centinaia di telecamere per questo) ma i volti del pubblico presente.

Inviai il materiale girato a Roma, con la raccomandazione di non gettare via neppure un fotogramma. Erano immagini che appartenevano alla storia.

Quando tornai, erano sparite. Probabilmente perse o buttate... All'epoca c'era un serio problema per quanto riguardava l'archiviazione e la conservazione delle pellicole.

In occasione della storica missione dell'Apollo 11, avevamo anche filmato l'arrivo di una grande massa di persone che la notte precedente il lancio si erano accampate intorno all'area per assistere alla partenza del *Saturn V*. Quella stessa notte ci fu anche una marcia di neri, guidata dal reverendo Ralph Abernathy, il successore di Martin Luther King. Parlai con lui: la marcia voleva ricordare che, a fronte delle grandi spese per il "progetto Luna", c'erano ancora tanti problemi da risolvere per il "progetto Terra".

A quei tempi il problema dell'integrazione tra bianchi e neri era ancora molto presente nella vita quotidiana, e ce ne accorgemmo andando a filmare in un laboratorio a New Orleans. Capitammo in pieno "Mardi Gras", il giorno principe del Carnevale, e non trovammo una stanza in tutta la città. Provammo ancora in un albergo che, ricordo, si chiamava Executive Hotel. Ma anche qui l'addetto ci disse che non c'era posto. Mentre stavamo decidendo cosa fare arrivò un signore nero, con una valigetta ventiquattrore. Chiese se c'era una stanza libera e subito gliela diedero. Tornammo dall'addetto: "Perché a lui sì, e a noi no?". Ci rispose, un po' imbarazzato: "Perché questo è un albergo per neri!".

Un granello di polvere nello spazio

Nel dicembre del 1968 la conquista della Luna ebbe una prima prova generale, con il lancio dell'Apollo 8. Era una missione che doveva raggiungere per la prima volta il nostro satellite, circumnavigarlo senza atterrarvi, e tornare sulla Terra.

La cosa che mi colpì moltissimo di quel viaggio fu che a metà strada tra la Terra e la Luna ci fu un collegamento televisivo (in bianco e nero), e gli astronauti mostrarono un'immagine mai vista: la Terra dallo spazio! Fino ad allora si era vista solo la curvatura terrestre, con le missioni in orbita: ora invece si vedeva la nostra pallina biancastra nel buio del cosmo!

In quel momento stavo commentando le immagini in diretta e come tutti, penso, ebbi la precisa sensazione che non siamo proprio niente nell'immensità dell'universo: solo un granello di polvere tra i miliardi di miliardi di altri pianeti, stelle, lune sparsi in spazi infiniti.

Un pianeta, il nostro, che gira intorno al Sole, a 100.000 chilometri l'ora, protetto solo da un sottilissimo velo d'atmosfera. E sotto questo sottilissimo velo ci sono uomini che continuano a scontrarsi, insultarsi, combattersi. Ecco, lo spazio ci aiuta anche a capire quanto siamo insignificanti e quanto sia prezioso il nostro angoletto caldo.

Quella straordinaria missione dell'Apollo 8 la ricordo anche per un piccolo episodio personale. Proprio in quei giorni compivo quarant'anni, un bel compleanno tondo che i colleghi della RAI decisero di festeggiare. Ruggero Orlando, l'impareggiabile corrispondente da New York, uomo davvero speciale (tra l'altro pochi sanno che aveva una formazio-

ne scientifica: era laureato in matematica), annunciò: "Conosco io un ristorante sulla costa dove fanno il pollo in un modo fantastico!". Quindi in tre auto, con operatori e tecnici, ci avviammo verso il ristorante. Che però era a mezz'ora d'auto, e quando arrivammo era chiuso...
Decidemmo di tornare indietro. Io mi appartai un attimo, e quando tornai non c'era più nessuno! Evidentemente ognuno pensava che fossi su un'altra macchina. E così rimasi al buio e al freddo (era dicembre) a festeggiare. Fin quando, dopo tre quarti d'ora, arrivò il mio operatore, Ennio Mecchi, a recuperarmi.

I fulmini di Oriana Fallaci

In quel periodo passato alla NASA ebbi anche occasione di rivedere Oriana Fallaci, che conoscevo dai tempi di Parigi, venuta a seguire le missioni Apollo 10 e 11. Si era appassionata a questa grande impresa, scriveva lunghi articoli per "L'Europeo" e preparava un libro. Donna molto intelligente, grandissima lavoratrice, passionale, capace di slanci affettivi e feroci antipatie.

Credo che all'epoca fosse innamorata di un astronauta, e stava preparando per lui un golf che lei stessa lavorava a maglia. Ogni tanto mi chiamava in camera sua per provarlo.

Ci vedemmo abbastanza spesso in quell'occasione, ed ebbi il privilegio di assistere in diretta a due delle sue famose "sfuriate colleriche" (una definizione che dà solo una pallida idea di quello che usciva in quei momenti dal suo "audio").

Mi sono sempre chiesto cosa scattasse, al suo interno, per provocare reazioni così esplosive. La prima volta eravamo in aereo tra Cape Canaveral e Houston, e Oriana litigò con la hostess. Io mi rannicchiavo nel sedile per diventare il più piccolo possibile, sempre più imbarazzato. La hostess capì che era inutile replicare e se ne andò via irritata. Cercai di calmarla, di staccare la corrente, ma non fu facile.

Un altro episodio si verificò una sera a cena. Eravamo in un ristorantino a Houston, con Ruggero Orlando e un giovane giornalista italiano. A un certo punto questo giovanotto, ignaro di quello che gli sarebbe capitato, fece una battuta (molto soft) che Oriana non gradì. Apriti cielo! L'attacco fu così improvviso e inaspettato che quel giovanotto rimase con il cucchiaio a mezz'aria e gli occhi sbarrati, diventando rosso come un peperone. La gente nel ristorante ammutolì, allarmata per quello che stava succedendo. Oriana era fatta così.

"Vorrei fare l'astronauta"

Ma con Oriana Fallaci e lo spazio ebbi un ultimo incrocio, molti anni dopo. Nel 1984 ricevetti la telefonata di un giovane militare italiano di ritorno da una missione in Libano. Mi chiamava da parte di Oriana e chiese di potermi incontrare. Ci vedemmo nel mio ufficio. "Mi dica" lo incoraggiai. "Vorrei fare l'astronauta..." disse lui. Gli spiegai che non era una cosa semplice: conoscevo un aspirante astronauta e sapevo quanto la selezione fosse difficile. "Lei ha esperienza come pilota collaudatore, o cose simili?" "No." "Ha una laurea in una materia scientifica, come ingegneria o fisica?" "No." "Parla inglese e russo?" "Il russo no, l'inglese abbastanza."

Lo vidi motivato e pieno di volontà e gli diedi alcuni consigli per non deluderlo, sapendo però che era un caso disperato.

Qualche anno dopo l'Agenzia Spaziale Italiana presentò il nuovo astronauta che avrebbe partecipato alla missione dell'ESA. Guardai bene la sua foto: "Ma questo lo conosco: è lui!". Era proprio quel giovanotto venuto a chiedermi consigli vari anni prima... Paolo Nespoli!

Fui completamente sorpreso e ammirato! Veramente un esempio eccezionale di impegno e perseveranza. Forse Oriana aveva capito il personaggio meglio di me. Mi rimisi in contatto con lui, e lo invitai nello studio di "SuperQuark" perché raccontasse la sua storia.

Nespoli, come è noto, ha svolto missioni spaziali difficili e impegnative: attività extraveicolari (cioè uscite nel vuoto per effettuare riparazioni) con una permanenza di sei mesi nella stazione spaziale internazionale, esperienza molto dura per l'organismo. *Chapeau!*

La letterina di Stanley Kubrick

Fu proprio nel periodo in cui seguii il Progetto Apollo negli Stati Uniti che nacque la mia decisione di lasciare il Telegiornale e occuparmi solo di divulgazione. A impressionarmi profondamente non erano state tanto le tecnologie dell'impresa lunare, quanto le ricerche che avevo seguito nei vari centri della NASA, in particolare nell'Ames Center, vicino a San Francisco. La NASA, infatti, aveva già in progetto missioni su Marte, con sonde capaci di scandagliare ed esaminare il suolo marziano alla ricerca di eventuali antiche tracce di vita (la prima sonda ad atterrare su Marte fu la *Viking 1*, nel 1976).

Questo nuovo tipo di esplorazione implicava lo studio della nascita della vita, utilizzando il solo modello disponibile, quello terrestre.

Per questo l'Ames Center si occupava di nascita dell'universo, origini della vita, evoluzione, possibilità dell'esistenza di forme viventi nel cosmo e tanti altri temi di notevole interesse. Un campo sterminato di ricerche che spaziava dalla biologia alla fisica, dall'astronomia alla geologia, dalla microelettronica ai nuovi sistemi di telecomunicazione. Ed era sorprendente che nessuno, nei servizi giornalistici, si dedicasse a tempo pieno a raccontare tutto questo.

Fu quindi proprio in occasione dell'impresa lunare che realizzai i miei primi programmi di scienza, quattro documentari dedicati agli sviluppi dell'esplorazione dello spazio.

E fu quella anche la prima volta che utilizzai una sigla musicale che avrebbe poi accompagnato tutte le mie trasmissioni successive: l'*Aria sulla quarta corda* di J.S. Bach, nell'interpretazione degli Swingle Singers, un gruppo vocale che avevo ascoltato due anni prima in concerto a Bruxelles.

A proposito di questi quattro programmi, c'è un piccolo episodio che mi è rimasto impresso. Tra le immagini che stavo mettendo insieme mi sarebbe piaciuto inserire qualche sequenza del famoso film *2001: Odissea nello spazio* di Stanley Kubrick, uscito nel 1968.

Telefonai alla casa distributrice in Italia: "Assolutamente no, non è permesso" mi dissero, categorici. Telefonai allora alla casa produttrice in America: stessa risposta. C'era il divieto del regista. Non mi persi d'animo e scrissi una letterina a Stanley Kubrick, che in quel momento stava girando fuori degli Stati Uniti. Con mia enorme sorpresa, mi rispose con un'altra letterina molto gentile, dandomi il permesso...

I grandi personaggi non si smentiscono, anche in queste cose. Era un gesto amichevole verso uno sconosciuto di cui forse aveva percepito la passione.

Quella lettera mi fece particolarmente piacere, anche perché lo ammiravo molto in quanto autore di grandi film, come ad esempio *Orizzonti di gloria*, sulla vita (e la morte) in trincea nella Prima guerra mondiale.

Ma da questo episodio si ricava anche un insegnamento: non bisogna mai scoraggiarsi e fermarsi al primo ostacolo. Ci possono essere altre strade per riuscire a ottenere ciò che si desidera, compresa quella di bussare alla porta dei piani alti. A volte aprono.

Non ebbi purtroppo occasione di incontrare Kubrick, ma qualche anno dopo, per un altro programma, incontrai l'autore di *2001: Odissea nello spazio*, lo scrittore di fantascienza Arthur Clarke. Abitava a New York in un piccolo attico di cui era molto fiero, e mi fece fare un breve tour tra i tetti. Di formazione era un matematico, e nel 1945, quando nessuno pensava minimamente allo spazio, aveva già scritto un articolo in cui ipotizzava un satellite artificiale geostazionario per le comunicazioni! In quel momento stava scrivendo un romanzo ambientato fra mezzo miliardo di anni, in una società in cui era diventato possibile trasferire le memorie da un cervello all'altro.

Il film *2001: Odissea nello spazio* aveva uno strano finale,

con un vecchio che diventa sempre più vecchio e un neonato che arriva dallo spazio. Quella scena ha dato origine alle più varie interpretazioni sul significato da attribuirle. Finalmente mi trovavo in compagnia dell'autore, e gli chiesi che cosa aveva voluto dire. Mi rispose: "Legga il libro e lo capirà".
Ho letto il libro, ma non l'ho capito.

Asimov

Devo dire che, in generale, non amo la fantascienza. Il più delle volte sono storie strampalate. Ma in certi casi è diverso, come per Arthur Clarke o Isaac Asimov. Forse proprio perché sono persone con una formazione scientifica (Asimov era professore di biochimica all'Università di Boston).

Ho avuto il piacere di incontrare Asimov in due occasioni, ed entrambe le volte ci siamo intrattenuti in lunghe conversazioni. Era un uomo dall'intelligenza acuta e dalla grande disponibilità. Quando lo incontrai la prima volta aveva già pubblicato centodieci libri e ne stava scrivendo altri undici! Era una di quelle persone che quando parlano si lasciano prendere dal piacere di raccontare, di condividere con gli altri le loro idee e la loro immaginazione, in modo molto coinvolgente.

Tra le tante cose che mi disse, una, riguardante il futuro dell'esplorazione spaziale, mi rimase impressa. Spesso si parla di colonizzare altri pianeti (attualmente è tornato di moda Marte), senza pensare alle enormi difficoltà per rendere un pianeta abitabile (per poi viverci magari come topi). Oltre al fatto di dover trasportare masse di persone in viaggi così complicati.

Asimov aveva un'idea diversa, e anche relativamente semplice da realizzare: quella delle colonie spaziali.

Se un giorno l'uomo dovesse veramente andar via dalla Terra, mi disse, o se, più semplicemente, ci fossero gruppi di persone che vogliono andare a vivere nello spazio, sarebbe molto più facile costruire immense stazioni spaziali: lunghe, per esempio, venticinque chilometri, con all'interno case, alberi, campi coltivati, mucche, e perfino nuvole e pioggia. Sarebbero praticamente degli enormi tubi ruotanti, alti circa tre chilometri. La rotazione permetterebbe di fornire una gravità artificiale: tanto più forte quanto più si aumenta la velocità (e con tanti meno giri al secondo quanto maggiore è il diametro del tubo).

In queste colonie potrebbero vivere duemila persone, un po' come in un villaggio del passato, in un paesaggio simile a quello di una valle. Naturalmente gli abitanti sarebbero tutti volontari, scelti con criteri di competenza (occorrerebbero medici, ingegneri, agronomi, astrofisici, eccetera) magari con coppie già formate.

Si potrebbero prevedere colonie anche molto più grandi. La costruzione avverrebbe nello spazio (quindi in assenza di gravità) con materiali forniti da fabbriche sulla Luna.

Una curiosità: al centro del tubo la gravità sarebbe a zero, e si potrebbe volare, con il semplice aiuto di un paio d'ali... Si realizzerebbe davvero il sogno di Icaro e di Leonardo.

Naturalmente si tratta di ipotesi lontane e forse solo teoriche, ma già oggi si è visto che sarebbe facile trovare volontari per un viaggio su Marte senza ritorno. Su queste colonie spaziali, mi diceva Asimov, potrebbero imbarcarsi persone con spirito d'avventura, in un ambiente confortevole. E magari un giorno, come i primi navigatori, potrebbero spingersi verso spazi lontani, perdendo ogni contatto con la Terra. Primi nuclei di un'umanità in grado di clonarsi e di replicare altri "tubi", disseminando colonie umane nel sistema solare, e magari oltre.

Fantascienza, certo. Ma che apre scenari nuovi alla fantasia.

A proposito di Asimov, è impressionante come le nuove tecnologie abbiano permesso la realizzazione di macchine che una volta appartenevano alla fantascienza: non solo per l'esplorazione dello spazio, ma per tradurre istantaneamente da una lingua all'altra, giocare a scacchi meglio dei campioni, fare diagnosi mediche. La miniaturizzazione dei circuiti e il numero astronomico di collegamenti e di memoria dentro un computer consentono oggi di disporre di una quantità enorme di dati in uno spazio compatto (come avviene nel cervello). Si tratta di quei Big Data che oggi sono alla base della cosiddetta Intelligenza Artificiale: cioè la possibilità per le macchine di attingere a una sterminata quantità di memorie, confrontarle, elaborarle e (cosa davvero impressionante) imparare attraverso l'esperienza.

Il fatto è che oggi queste macchine stanno entrando (e lo faranno sempre più rapidamente) nella vita, nelle aziende, negli uffici, negli studi professionali, nel commercio... ovunque. E questo sta provocando grande allarme per l'occupazione. Un numero crescente di lavori potrà essere svolto da macchine intelligenti. È quella che è stata definita la "corsa contro la macchina", per fare in modo che queste nuove forme di intelligenza siano al servizio dell'uomo, e non portatrici di disoccupazione e caos sociale.

Gli esperti che ho incontrato hanno opinioni diverse sull'evoluzione di questo fenomeno, mai visto prima nel rapporto tra uomo e tecnologia: riusciranno le macchine a creare altrettanti posti di lavoro di quelli che stanno distruggendo? E di che tipo? Con quali redditi? E cosa dovremmo fare per affrontare un problema così grande, che richiederà un adattamento del tutto nuovo? Oppure saranno finalmente le macchine a fare tutto, come azzardano i più ottimisti, e gli uomini potranno occuparsi di cose più interessanti? L'idea condivisa, comunque, è che i vincenti saranno coloro che sapranno creare quelle macchine e i loro software.

X

Gli inizi della divulgazione scientifica

Nel settembre del 1969, lasciai il Telegiornale. Perché avevo capito che quello che veramente mi interessava fare era di occuparmi non di dieci notizie al giorno, ma di una notizia per un anno... Cioè di approfondire certi argomenti con programmi molto più curati. Per fare un esempio, nel 1980, proprio sulla ricerca di forme di vita nel cosmo, realizzai addirittura una serie di nove documentari.

Cominciarono quindi gli anni Settanta, un decennio in cui realizzai una cinquantina di documentari televisivi. La prima serie, di dieci puntate di un'ora ciascuna, fu "Destinazione uomo", sulle frontiere della ricerca: cinque puntate dedicate ad argomenti di biologia e cinque al cervello. Girate nei centri di ricerca più prestigiosi del mondo.

Piccolo dietro le quinte: il direttore responsabile cui dovevo far riferimento mi chiese se avessi intenzione di girare anche all'Università di Padova. "Perché proprio all'Università di Padova?" mi informai. "Perché il presidente della commissione parlamentare di vigilanza della RAI è di Padova."

Senza commento.

Gli dissi che per avere le idee più chiare dovevo prima fare un sopralluogo al National Institute of Health a Bethesda, Washington, DC, un grande istituto di ricerca collegato con scienziati e laboratori di tutto il mondo. Così feci, e in ciascun dipartimento chiesi i nomi dei migliori ricercatori italiani in ogni campo. Quella fu la lista.

Cominciò così un lungo giro del mondo (in senso letterale, perché con la troupe partimmo in direzione del Giappone e tornammo in Italia dall'America). Fu un'esperienza straordinaria, fatta di incontri con oltre cinquanta scienziati, con colloqui che duravano ore. Per ogni incontro mi preparavo: non si può intervistare uno scienziato se non si è capito bene l'argomento di cui si occupa.

Per la realizzazione di quei documentari utilizzai per la prima volta animazioni a effetti speciali, grazie a un eccellente grafico del Telegiornale, Piero Gratton, col quale passammo lunghe serate a studiare come rendere più chiari in modo creativo i concetti affrontati nelle varie puntate. Ci trovammo molto bene insieme, sempre sulla stessa lunghezza d'onda, al punto di stabilire un lungo rapporto di amicizia (che ancora continua) non solo sul lavoro, ma anche nella vita. Suo zio, Livio Gratton, era uno dei maggiori astrofisici italiani, ed evidentemente il piacere di ragionare era di famiglia. Avevo bisogno anche di un collaboratore che parlasse perfettamente inglese, e mi segnalarono un giovane appena tornato dagli Stati Uniti, dove aveva studiato (e insegnato) in una università: Maurizio Vallone, col quale anche diventammo amici (e che in seguito divenne uno dei conduttori del TG2).

Un incontro imbarazzante con Rita Levi Montalcini

In Italia, gli scienziati erano meno abituati a usare un linguaggio adatto al grande pubblico. Alcuni erano già bravissimi, come Silvio Garattini, altri decisamente meno pronti. In proposito, ricordo un episodio interessante che riguarda Rita Levi Montalcini.

Avevo pensato di inserire la sua ricerca sull'NGF (*Nerve Growth Factor*, "fattore di crescita nervosa") – che le valse poi il premio Nobel – nella puntata dedicata al sistema nervoso, che avevo accuratamente scritto e preparato. Presi appuntamento per un colloquio preliminare e mi recai a casa sua. Fu molto gentile, e quando le parlai degli altri scienziati che avevo già intervistato sul tema fu molto soddisfatta dei nomi. Quando però le dissi che avevo pensato di riservare alla sua ricerca uno spazio di circa tre minuti ci fu un silenzio agghiacciante. Il suo sguardo divenne improvvisamente gelido e tagliente. "Tre minuti?" disse. Mi corse un brivido lungo la schiena. "Ma non basterà mezz'ora per presentare questo lavoro!" obiettò lei.

Inutilmente cercai di spiegarle che si trattava di una puntata destinata a dare un quadro d'insieme delle ricerche in corso, legate da un filo conduttore. E che avremmo elaborato, sotto la sua supervisione, il testo e le immagini più adatte.

Fu irremovibile. E gentilmente mi congedò... Fine del mio colloquio con Rita Levi Montalcini. Naturalmente, inserii i tre minuti dedicati al fattore di crescita nervosa senza la sua intervista.

Qualche tempo dopo la incontrai casualmente in una stazione ferroviaria. Mi sorrise e mi disse: "Sono in debito con lei! Vedendo il suo programma ho capito cosa intendeva. Mi spiace". Da allora i nostri rapporti divennero eccellenti. E mi invitò persino ad andare con lei al Festival di Sanremo per promuovere una raccolta di fondi in favore della ricerca sulla sclerosi multipla.

Cosa c'è dentro un globulo rosso

Gli incontri con gli scienziati sono stati tanti, e quello è stato il periodo in cui, professionalmente, mi sono arricchito di più. Un personaggio mi ha impressionato particolarmente, perché con la sua ricerca ha reso visibile, per così dire, un mondo invisibile: il professor Max Perutz, dell'Università di Cambridge. Mi portò in un locale dove, su una specie di tavolo da ping-pong, aveva ricostruito la molecola dell'emoglobina. Era una struttura montata con fili di ferro e morsetti che simulavano gli atomi.

Per avere idea delle dimensioni reali di questa molecola, mi spiegò il professore, basti pensare che: 1) quando le analisi del sangue ci dicono che abbiamo 4 o 5 milioni di globuli rossi, questo vuol dire 4 o 5 milioni in un millimetro cubo!; 2) un globulo rosso, a sua volta, contiene 280 milioni (280 milioni!) di molecole di emoglobina!; 3) una molecola di emoglobina è composta da circa 10.000 atomi, disposti in una particolare struttura spaziale. Ed è questa struttura che il professor Perutz era riuscito a ricostruire sul tavolo da ping-pong, dedicando tutta la sua vita a questa ricerca (e ottenendo per essa il premio Nobel).

Mi disse che bastava un piccolo errore nella disposizione di qualche atomo per provocare la morte precoce di un individuo. Questo dà l'idea di quanto siamo complicati dentro.

Al Caltech, dove gli studenti si danno i voti da soli

Quelli erano anche gli anni in cui si cominciava a studiare la molecola del DNA, e la possibilità di intervenire sulla sua struttura attraverso quella che era stata definita "ingegneria genetica".

Al Caltech (California Institute of Technology) di Pasadena, incontrai il pioniere di questo tipo di ricerca, il professor Arthur Kornberg, che per la prima volta riuscì a modificare una sequenza di DNA. Vale a dire, a entrare nel *sancta sanctorum* della vita, mostrando al mondo la possibilità di manipolarlo. Si tratta di un tema molto "caldo" dal punto di vista etico, che sollevò (e tuttora solleva) accesi dibattiti. Nella famosa conferenza di Asilomar, che si tenne nel 1975, sempre in California, gli scienziati si autoimposero dei limiti in questa materia, e in particolare il divieto, in qualsiasi caso, di intervenire sulle cellule germinali, e quindi sul patrimonio ereditario. In altre parole, per taluni tipi di malattie poteva essere preso in considerazione un intervento sui geni del paziente, ma tutto doveva finire con lui, le modificazioni inserite non dovevano essere trasmesse alla discendenza. E infatti questo è oggi il limite invalicabile di qualunque terapia genica.

Visitando il Caltech di Pasadena rimasi sorpreso dalla concentrazione di premi Nobel che vi lavoravano. Il Caltech è considerato da molti il miglior centro di ricerca degli Stati Uniti, superiore persino a Harvard e al MIT di Boston. È un istituto postuniversitario, con relativamente pochi studenti e molti professori: quasi un "monastero" della ricerca, con regole tutte sue.

Per esempio, all'esame non è il professore che dà il voto, ma è lo studente stesso che si giudica da solo! È un modo per sviluppare un'autoresponsabilità critica e la capacità di valutare se stessi dall'esterno, con obiettività. Nessuno se ne approfitta mai, perché perderebbe immediatamente la sua reputazione!

Piccolo episodio interessante. Quando chiesi al professor Kornberg di concedermi un'intervista, mi rispose: "Ben volentieri, ma lei mi deve spiegare perché questi bravissimi biologi italiani che lavorano qui non riescono a tornare in Italia...".

La risposta c'è. E si trova in due libri pubblicati dall'Associazione dei dottorati e dottorandi, *Cervelli in fuga* e *Cervelli in gabbia*, di cui mi avevano chiesto di fare la prefazione. Uno racconta in prima persona le storie e le ragioni di coloro che sono partiti; e l'altro le storie e le sofferenze di coloro che sono rimasti. Ma perché in un paese che vuol essere moderno succede questo?

Osservando da vicino il sistema in uso negli Stati Uniti, ci si rende conto che, al di là dell'etica, ci sono anche regole volte a impedire i favoritismi. Un amico di Alberto, che si era laureato in Geologia a Roma, si recò poi per quattro anni all'Università di Berkeley, in California, per ottenere il dottorato. Tornò in Italia e partecipò a vari concorsi, con risultato zero. Gli chiesi: "Ma perché non cerchi di concorrere all'Università di Berkeley, là dove hai ottenuto il dottorato?". Mi rispose: "Perché è vietato concorrere in una università dove si è studiato". Capito?

La situazione del nostro paese, del resto, è figlia di un antico problema, sempre attuale. L'anomalia italiana è ben illustrata da un altro fatto: la poca attrattività del nostro paese per i ricercatori stranieri. Il loro numero in Francia è del 17 per cento, in Germania del 23, nel Regno Unito del 32. In Italia siamo fermi al 3 per cento! Certo, c'è una questione legata ai compensi, ma il punto non è solo quello. Queste cifre mostrano meglio di tanti ragionamenti i problemi dell'università italiana. Il paradosso è che dalle nostre università escono eccellenti ricercatori; è quindi il sistema nel suo insieme che non funziona come dovrebbe.

Obama ha detto che gli Stati Uniti sono un grande paese non perché hanno un grande esercito, ma perché hanno grandi università.

Nel nostro paese questo concetto non riesce a passare. In ogni campo il merito e l'eccellenza non vengono valorizzati. E questo non è un danno solo per i singoli individui, ma per la collettività, perché oggi è sempre più il software che conta, nelle macchine come negli uomini. È questo che fa la differenza tra le nazioni.

La meritocrazia non porta voti. Anzi... Lo si è visto anche per il progetto sulla valutazione degli insegnanti. E non è neppure un buon argomento per i dibattiti televisivi. In generale, del resto, i dibattiti televisivi sono concentrati soprattutto sugli scontri tra i partiti, le polemiche, gli schieramenti, i cambi di maggioranza... È raro che si dibatta su come migliorare l'insegnamento, o premiare il merito.

Un tribunale segreto per scegliere chi salvare

Uno dei casi che più mi rimasero impressi durante il nostro tour negli Stati Uniti per parlare con i vari scienziati riguarda una sorta di "tribunale segreto" allestito in un ospedale di Seattle, sulla costa occidentale, per scegliere quali malati salvare e quali no. Si era agli inizi della possibilità di curarsi con la dialisi, ma in quel periodo le macchine erano ancora in numero limitato, e solo pochi potevano beneficiarne, mentre i malati erano molti. Come scegliere chi doveva essere curato e chi no? Per la maggior parte dei pazienti, l'accesso alla dialisi costituiva il discrimine tra la vita e la morte.

Venne quindi allestita quella specie di tribunale segreto che doveva valutare i candidati, e scegliere: questo sì, questo no.

Terribile. Ma su cosa poteva basarsi una scelta del genere? I criteri erano i seguenti. Anzitutto, le condizioni del malato: veniva favorito chi avrebbe beneficiato maggiormente della cura, non chi era già in uno stadio terminale. Un paziente giovane era avvantaggiato rispetto a uno anziano, e lo stesso valeva per chi aveva famiglia rispetto a chi era single. Il criterio forse più discutibile era quello che si basava sulla valutazione di chi dava un maggior contributo sociale alla comunità.

La "giuria" era formata, tra gli altri, da un medico, un uomo di affari, un sindacalista, un'assistente sociale e un sacerdote. Ebbi occasione di parlare con il medico, con l'uomo d'affari e anche con un malato che, a sua insaputa, era stato selezionato e salvato. Il medico e l'uomo d'affari mi dissero che per i giurati la scelta era sempre molto sofferta; proprio per questo venne adottato un sistema basato su dati quanto più possibile oggettivi, facendo in modo che la "sentenza" uscisse dai punteggi, e non da valutazioni personali. Comunque la si metta, di certo rimane una responsabilità molto pesante.

L'altro caso altrettanto drammatico riguardava dei neonati con gravi malformazioni funzionali: la scelta era se farli sopravvivere, o lasciarli morire.

In un ospedale di Yale, New Haven, il professor Rey Duff, direttore del reparto Maternità, aveva adottato questa linea: nel caso di un neonato nato con gravissimi problemi (cardiaci, polmonari, cerebrali o di altro genere) convocava i genitori e, in sostanza, diceva loro: "Vostro figlio purtroppo è nato con queste malformazioni: se lo operiamo subito potrà sopravvivere, ma sarà gravemente menomato, e non vivrà a lungo. Senza un intervento chirurgico probabilmente morirà in brevissimo tempo. Volete che operiamo oppure no?". Una domanda che fa gelare il sangue.

Il professor Duff mi disse che molti genitori sceglievano di non intervenire e di lasciar morire il piccolo. Quando lo incontrai, già circa cento bambini se n'erano andati in questo modo.

XI

Tra leoni e leopardi

Quella prima serie di dieci documentari fu il modello per molti altri programmi di scienza che realizzai negli anni successivi. E quelli che si occupavano di natura? A volte mi chiedono perché certi bellissimi documentari naturalistici che trasmettiamo non sono mai prodotti dalla RAI ma, il più delle volte, sono di origine anglosassone.

In realtà, alcuni li abbiamo realizzati anche noi (con i nostri pochi mezzi), ma il vero problema è che è estremamente difficile entrare in quel mercato con produzioni di alto livello. Non soltanto occorrono équipe specializzate e organizzate, ma sono necessari tempi molto lunghi per le riprese e investimenti adeguati. Gli investimenti che fa la BBC in questo campo, per fare un esempio, sono altissimi: una serie di sei documentari di grande qualità può costare dai 5 ai 10 milioni di euro, o anche più, e richiede un enorme dispiegamento di operatori specializzati, autori, registi, scienziati, impegnati in riprese che durano anni. Questi investimenti sono possibili perché i documentari vengono poi venduti in tutto il mondo a prezzi elevati: sono infatti programmi che garantiscono alti ascolti. Ma un'organizzazione del genere non si improvvisa.

Per dare un'idea dei tempi necessari per girarli (bene), faccio l'esempio di un bellissimo documentario sui coccodrilli realizzato dalla società indipendente inglese Anglia in Tanzania da due operatori: quattro mesi di sopralluoghi e otto di riprese. Nello stesso periodo, con Alberto eravamo proprio in quella zona per girare due documentari: uno sull'*Homo abilis*, l'altro sul leopardo, e abbiamo avuto frequenti contatti con i loro operatori. Abitavano in una casupola isolata in mezzo alla savana, e noi in un'altra a un chilometro di distanza, dove ci ospitava un ricercatore americano di origine italiana, John Cavallo. Ogni anno, il professor Cavallo viveva lì per tre mesi completamente solo, senza acqua né luce, per osservare il comportamento dei leopardi, in cerca di conferme su una sua teoria: e cioè che l'*Homo abilis* rubava le prede che il leopardo portava sugli alberi dopo averle uccise. Il leopardo teme i branchi di iene, e porta al sicuro il proprio pranzo. Spesso, però, lo lascia incustodito sui rami e si allontana temporaneamente. E l'*Homo abilis* ne approfittava.

Era una ricerca molto interessante, ma decisamente poco confortevole da portare avanti sul campo, anche per noi che eravamo abituati alla mancanza di comodità.

Dormivamo per terra, sulle nostre stuoiette, in una sola stanza. Ricordo che la prima sera il professor Cavallo ci disse: "Quando uscirete fuori per fare pipì, con la torcia illuminate prima per terra, per le vipere" (vipere grosse come un braccio) "e poi in alto per i leoni". Di notte sentivamo i loro ruggiti molto ravvicinati, era savana aperta. E vi assicuro che avere intorno dei leoni che girano liberi dà una strana sensazione...

In quell'occasione sperimentai per la prima volta il visore *night vision*, che è veramente un apparecchio straordinario: ricordo che era una notte completamente buia, senza luna, e indossando questa maschera di colpo la savana si illuminò, quasi come fosse giorno. Bastava la debole luce delle stelle per rischiarare il paesaggio: si vedevano non solo gli alberi, ma persino la loro ombra sull'erba! E con quei visori andavamo di notte, a bordo delle jeep, in cerca di leopardi.

Ci rendemmo però conto piuttosto in fretta degli infiniti tempi di appostamento che sarebbero occorsi per riuscire a filmare un animale così elusivo, e questo pur lavorando con un esperto che conosceva alla perfezione il suo comportamento. Per realizzare grandi produzioni in serie da vendere in tutto il mondo, come già ricordato, occorrono mezzi e risorse di ben altre proporzioni.

Prendere un aereo e scendere nel passato

L'Africa, oggi, sta cambiando profondamente.

Ma in pochi decenni a cambiare (a causa del turismo, dei commerci, delle trasformazioni agricole e delle guerre) non è stata solo l'Africa, ma tutte quelle zone del mondo che fino a non molto tempo fa erano rimaste ancora incontaminate. È sempre più difficile trovare villaggi rimasti uguali a se stessi nel tempo.

Fino agli anni Sessanta, e ancora nei Settanta, si poteva veramente prendere un aereo e scendere nell'Ottocento, nel Medioevo, o perfino nella Preistoria. Bastava inoltrarsi in zone senza strade e ritrovarsi in mondi antichi, dove nulla o quasi era cambiato nei secoli.

In Africa, per esempio, mi è capitato di arrivare in un villaggio del Dahomey (l'attuale Benin) in cui era in corso una cerimonia di iniziazione: dei giovani ricoperti di polvere bianca danzavano, al ritmo frenetico di tamburi, in uno stato di ebbrezza, probabilmente dovuta a droghe. Seduti intorno, c'erano i dignitari del villaggio e altri capi tribù di villaggi vicini, tutti vestiti in abiti da cerimonia.

In un altro viaggio, nello Zaire, ho avuto occasione di spingermi nel profondo delle foreste dell'Ituri e incontrare gli ultimi pigmei nei loro accampamenti fatti di frasche. Sono nomadi, non abitano in capanne, non hanno villaggi: dormono in piccoli ripari costruiti con rami e foglie, e vivono come i nostri lontanissimi antenati, di caccia e di raccolta, spostandosi a seconda delle stagioni. Si ha una sensazione strana a sedersi accanto a loro, comunicare a gesti, vedere le loro armi per la caccia: archi e frecce, ma anche corte lance. Sono uomini piccoli, raramente superano il metro e 40 centimetri di altezza, ma molto coraggiosi, e anche molto primitivi. Guardarli è un po' come specchiarsi nel nostro passato remoto, millenni fa, quando anche noi eravamo così, cacciatori e raccoglitori nomadi, armati solo di archi e frecce. Erano diversi i paesaggi, il clima e le prede, ma il modo di vivere era sostanzialmente lo stesso.

Andando invece nella regione del Ladakh, nel Nord dell'India, si poteva arrivare (con tenda e sacco a pelo) direttamente nel Medioevo. Era una zona dell'Himalaya ai confini con la Cina, rimasta da tempo isolata e poi inaccessibile dopo il conflitto sino-indiano del 1962. Arrivammo nel Ladakh poco dopo che le frontiere erano state riaperte, percorrendo in camion, per tre giorni, valli e strade a strapiombo. Sparsi nelle alte montagne c'erano antichi monasteri buddisti. Alcuni, abbarbicati a quasi 4000 metri d'altezza, isolati per tutto l'inverno.

Fu una forte emozione salire fino a quelle antiche comunità di monaci ed entrare di colpo nell'anno Mille. Oggi nel Ladakh atterrano gli aerei e i monaci vendono i biglietti per la visita.

In Amazzonia poteva capitare di entrare in un piccolo villaggio dove la vita era rimasta la stessa da sempre. Ricordo che chiesi il permesso di dormire in una capanna con il mio materassino gonfiabile: il materassino divenne il centro dell'attenzione, perché era un oggetto stranissimo, mai visto. Il capo villaggio venne a osservarlo, e dopo un po' lo toccò con un dito; poi nuovamente ci riprovò, con un'espressione tra il sorpreso e il pensoso. Lo invitai a sedersi sopra: lo fece, e una volta seduto con le gambe incrociate si guardò intorno con un'espressione di naturale soddisfazione. La stessa atmosfera di autenticità si trovava nelle ultime carovane del sale che attraversavano il Sahara, o nei villaggi di montagna in Papua Nuova Guinea, lungo il fiume Sepik.

Molti di questi viaggi li ho fatti anche privatamente. Con Margherita abbiamo sempre dato la priorità all'educazione dei figli, risparmiando su altre cose. Insieme a Christine e

Alberto abbiamo viaggiato parecchio in Africa, in Asia, in Sudamerica, sempre in modo spartano, con tenda e sacco a pelo, per condividere con loro esperienze formative. Tra l'altro, girare il mondo insieme, tra avventure e disavventure, crea legami e ricordi comuni molto più forti di quelli che si formano nelle vacanze al mare, dove i figli si vedono (e non sempre) a cena.

Con i ragazzi cresciuti, Margherita ha potuto dedicarsi sempre più alla sua amata danza, insegnando alla Scuola di Ballo del Teatro dell'Opera di Roma.

Abbiamo avuto la fortuna di avere due figli meravigliosi e molto intelligenti. Christine ha continuato per anni a guidare fuoristrada in tutta l'Africa, in Asia e in Sud America, viaggiando con Vittorio e lavorando nella grafica. È la persona che mi assomiglia di più: le nostre menti funzionano allo stesso modo, e ogni volta è un piacere intellettuale ritrovarsi in sincrono.

Alberto si è dedicato invece ai suoi studi di paleoantropologia (facendo la sua scoperta più importante: Monica, persona di qualità eccezionali).

Tutti insieme ci hanno regalato cinque nipoti maschi, che amiamo moltissimo, e che conosceranno un mondo nuovo: fantastico e inquietante allo stesso tempo.

L'attacco dei guerriglieri

Oggi molti dei viaggi che si potevano fare in passato sono diventati difficili o addirittura impossibili, per via dei conflitti armati. In particolare in certe aree (bellissime) del Medio Oriente o del Nord Africa. Un esempio: nei primi anni Settanta si poteva viaggiare tranquillamente nell'Afghanistan (dove regnava ancora un re) e visitare a cavallo le zone dei talebani! O si poteva, cosa che abbiamo fatto con Alberto, attraversare in tre giorni il deserto del Ténéré (nome che in lingua tuareg significa "il Nulla") nel Niger, dormendo in tenda. In quella stessa zona, dieci anni dopo, Alberto tornò con una troupe di "Ulisse" per girare una puntata sui deserti: furono attaccati, picchiati e sequestrati da guerriglieri armati, che rubarono tutto quello che c'era da rubare – perfino le fedi nuziali –, li minacciarono di morte, perché cristiani, e, dopo una notte di terrore, se ne andarono. Si seppe poi che poco prima avevano attaccato una jeep con quattro viaggiatori tedeschi, ferendo gli uomini e stuprando le donne.

Oggi, inoltre, si è aggiunto il terrorismo organizzato, con azioni di tipo militare e attentati che, al di là dei danni reali, creano un clima di insicurezza generalizzato. E questo non solo nelle zone "calde", ma anche da noi in Europa, e negli Stati Uniti.

Non sarà una questione facile da risolvere perché, come purtroppo sappiamo ormai bene, bastano piccoli gruppi a diffondere la paura e a generare un senso di costante emergenza.

XII

La vasca di Archimede

In questi ultimi decenni non solo è scomparsa una parte consistente del mondo antico, ma è mutato in modo prorompente anche il cosiddetto "mondo moderno", con problemi prima inimmaginabili. Già agli inizi degli anni Settanta cominciarono a essere chiari gli squilibri a cui stava portando una crescita fuori controllo: inquinamento, deforestazione, esplosione demografica, sfruttamento eccessivo delle risorse idriche, esaurimento delle risorse energetiche...

È un fenomeno di proporzioni gigantesche. La diffusione massiccia e tumultuosa della tecnologia e la crescente domanda di energia, figlie del progresso scientifico, accanto ai grandi vantaggi non potevano non portare con sé anche grossi problemi: in particolare, inquinamento ed esplosione della popolazione. È come per il principio di Archimede: un corpo immerso in un fluido riceve una spinta verso l'alto pari al peso del fluido spostato, come abbiamo imparato a scuola.

Proprio per questo, a metà degli anni Settanta scrissi un libro (*La vasca di Archimede*) su questo squilibrio galoppante che si stava creando, mettendo in evidenza come lo squilibrio fosse non soltanto ecologico, ma ancor più culturale: cioè il drammatico ritardo nel comprendere che non si può modificare così profondamente un equilibrio senza provvedere a bilanciarlo in qualche modo.

All'inizio dello stesso decennio era stato pubblicato *I limiti dello sviluppo*, che divenne un bestseller mondiale. Si trattava di uno studio realizzato da ricercatori del MIT e commissionato dal Club di Roma, che per la prima volta metteva in guardia contro una crescita illimitata.

Il Club di Roma era un'associazione di cento personalità di tutto il mondo (scienziati, manager, economisti, filosofi della scienza ed esperti di vari settori) animata da un grande personaggio italiano: Aurelio Peccei, già manager di importanti industrie, ma soprattutto intellettuale raffinato, molto noto e apprezzato internazionalmente (ben più dei nostri politici) ma quasi sconosciuto in Italia.

In quel periodo sentii il dovere di dedicare gran parte del mio lavoro a questi argomenti, realizzando una serie in cinque puntate intitolata "Dove va il mondo?", girata in Europa e negli Stati Uniti, e poi due altre serie intitolate "Nel buio degli anni luce", da cui trassi anche un libro.

La risposta a questi problemi non poteva essere solo tecnica, ma doveva necessariamente coinvolgere la politica.

E infatti l'azione di Aurelio Peccei, al quale fui molto vicino, era diretta proprio a sensibilizzare la classe politica, indicando anche alcune priorità. Nel febbraio del 1974 riuscì, quasi da solo, a organizzare un'importante conferenza a Salisburgo con la partecipazione di undici capi di Stato e di Governo, che presero parte all'evento in forma privata.

A parole, tutti apprezzarono le argomentazioni del Club di Roma, ma chiesi poi a Peccei se aveva avuto qualche commento dietro le quinte. Mi disse che uno di questi leader gli aveva confidato: "Condivido in pieno le sue idee, ma se le applicassi nel mio paese sarei fuori dalla politica in tre mesi!".

Questo è il punto dolente. Si tratta di problematiche che richiedono misure di medio-lungo termine, mentre la politica si muove sul breve o brevissimo termine. Non conviene investire sul futuro, non porta voti... È per questo che è fondamentale creare nel pubblico la consapevolezza che è nell'interesse di tutti evitare gravi rischi, proprio per difendere il benessere individuale. Se questa coscienza si diffonderà, per i politici diventerà più semplice agire in modo lungimirante.

Bisogna credere al riscaldamento climatico?

I problemi ambientali sono un tipico esempio di questa difficoltà ad agire in tempo per prevenire. Gli esseri umani reagiscono solitamente solo quando si trovano di fronte a un'emergenza, ma fanno fatica ad attivarsi quando l'eventuale emergenza futura devono ancora "immaginarla".
È il caso del cambiamento climatico. Siamo abituati a vedere le stagioni sempre uguali, e abbiamo difficoltà a pensare che tutto cambierà. Del resto, c'è addirittura chi afferma che si tratta di allarmi ingiustificati!
La Terra non è sempre stata così come oggi la vediamo: il suo clima è sempre cambiato. Qualche anno fa, per un programma, avevamo fatto una ricerca sui cambiamenti climatici a Monte Mario, dove si trovano gli studi della RAI, scoprendo che, andando indietro nel tempo, il clima, da temperato, era diventato gelido, con neve e abeti, poi caldo umido, con rinoceronti, poi tropicale, con scimmie, poi paludoso, con elefanti, poi di nuovo freddo, eccetera. Certo, tutto questo nell'arco di 750 mila anni... Anche il Mediterraneo si era alzato e abbassato di vari metri. La domanda è: possono gli inquinamenti attuali accelerare il riscaldamento globale al punto da produrre un cambiamento climatico nel giro di una sola generazione?
C'è un dato che bisogna sempre tener presente e di cui si parla poco, e cioè che l'atmosfera che avvolge la Terra è estremamente sottile e vulnerabile. Già salendo sull'Everest gli alpinisti respirano con fatica a causa dell'aria rarefatta. A 20.000 metri d'altezza (ma anche molto prima) non si respira più. L'atmosfera continua a rarefarsi, e a circa 100 chilometri d'altezza ci sono solo molecole sparse. Poco sopra orbitano i satelliti. In altre parole, tutto è concentrato nei primi 100 chilometri.

Ora, 100 chilometri sono la distanza tra Roma e Civitavecchia. Se si guarda il globo terrestre, la distanza tra Roma e Civitavecchia è quasi impercettibile, è veramente un trattino minuscolo: ebbene, quello è lo spessore massimo dell'atmosfera che circonda la Terra! Un sottilissimo velo che avvolge il pianeta.

A forza di scaricarvi dentro sostanze inquinanti e gas che creano l'effetto serra, è evidente che prima o poi accadrà qualcosa. È difficile fare previsioni precise, perché l'atmosfera è un sistema molto complesso che funziona in modi non esattamente calcolabili, in particolare su tempi lunghi, ma i segnali ci sono tutti.

E allora? Allora, la risposta è: voi superereste un camion in curva?

Ma c'è un ultimo aspetto importante a proposito di ecosistemi ambientali.

Oggi la sensibilità nei confronti dell'ambiente è molto aumentata: giornali, radio, televisione, oltre ad associazioni come WWF, Legambiente e tante altre, hanno contribuito fortemente a diffondere un pensiero ecologico. E va benissimo.

Credo però che ora sia importante approdare anche a un altro tipo di ecologia, che invece è quasi completamente ignorata, pur essendo fondamentale per il nostro tempo.

Noi non viviamo più come i cacciatori-raccoglitori della preistoria, quando la natura era tutto, ma in un mondo in cui la natura è stata profondamente trasformata dalle macchine. Viviamo cioè in un "ecosistema artificiale", un diverso ambiente che ha bisogno di comportamenti culturali adeguati per essere mantenuto in equilibrio.

A guardare bene, infatti, intorno a noi la natura è in gran parte scomparsa. Un giardino, per esempio, non ha più niente di naturale: è un piccolo "campo di concentramento" di piante, erbe, siepi, fiori presi da varie parti (magari da vari continenti) e fatti crescere insieme, in modo innaturale.

Anche le campagne sono oggi enormi distese artificiali. In natura non sono mai esistiti campi di grano, di riso o di granoturco. Addirittura le piante sono state modificate da selezioni mirate, e vengono regolarmente irrorate con diserbanti, pesticidi, fertilizzanti.

La stessa cosa vale per gli animali. I polli vengono anch'essi "coltivati" come un campo di grano, in spazi chiusi e sovraffollati, nutriti con mangimi energetici. Anche le mucche sono alimentate artificialmente, e per riprodursi si "accoppiano" con una siringa.

Gli ambienti naturali esistono ormai soltanto in zone isolate, con animali spesso protetti in parchi nazionali, difesi da guardacaccia.

Viviamo insomma in un ambiente che è molto più tecnologico che naturale. Così come esiste un ecosistema naturale fatto di alberi, fiumi, nuvole, foreste, esiste oggi un ecosistema artificiale, quello in cui trascorriamo la nostra vita quotidiana, fatto di macchine, scuole, fabbriche, tecnologie, sale da concerto, università, energia, informazione.

Ed è anch'esso un ecosistema vulnerabile, dove gli inquinamenti sono soprattutto, per così dire, di tipo culturale.

Come qualcuno ha affermato, oggi le vere ricchezze sono nel sapere e nel saper fare, per meritare la tecnologia sempre più complessa di cui disponiamo e gestirla bene.

Questa esigenza di essere all'altezza dell'ecosistema complesso delle macchine implica lo sviluppo di una cultura che permetterà anche di essere vincenti nella competizione economica. Abbiamo bisogno di puntare su un'educazione adeguata, che formi una classe dirigente capace di comprendere e guidare questo nuovo ecosistema.

I paesi emergenti, specialmente quelli asiatici, stanno investendo molto in questo tipo di educazione, per prepararsi alle nuove sfide epocali. È qui che si sta spostando la gara dello sviluppo: nelle menti.

Si tratta di un nuovo tipo di crescita, che richiede anche un nuovo tipo di cultura da affiancare, naturalmente, a quella eterna di Leopardi e Dante Alighieri.

La scienza al Palazzetto dello Sport

Sui rischi dei cambiamenti climatici, già più di trent'anni fa, con il professor Umberto Colombo, avevamo realizzato due conferenze mondiali. L'allora presidente dell'Istituto Bancario San Paolo di Torino Gianni Zandano mi aveva chiesto di creare un comitato per iniziative di carattere scientifico, finanziate con i fondi di beneficenza della Banca, e insieme al professor Colombo (uomo eccezionale, che nel 1993 divenne poi anche ministro dell'Università e della Ricerca scientifica e tecnologica) organizzammo un *panel* di altissimo profilo (tra gli altri, ne facevano parte il professor Edoardo Amaldi e il premio Nobel per la Chimica Ilya Prigogine). A quel tempo, infatti, cominciavano a emergere i primi dati sul riscaldamento dell'atmosfera e degli oceani, e ritenemmo importante portare questa problematica di fronte alla comunità scientifica e al grande pubblico.

Nel 1986 e nel 1987 organizzammo a Torino due grandi conferenze, le prime del genere (una sull'atmosfera, l'altra sugli oceani), con esperti provenienti dall'Europa, dagli Stati Uniti e dall'Unione Sovietica.

In concomitanza con queste conferenze, realizzai anche due trasmissioni televisive in diretta davanti a un pubblico di ottomila persone, al Palazzetto dello Sport di Torino, con collegamenti, filmati, esperimenti in diretta, e la partecipazione dei più autorevoli ricercatori sul clima.

Ricordo l'emozione di entrare in quell'arena così affollata: non avevo mai affrontato un'esperienza del genere.

L'allora direttore di Rai Uno Emmanuele Milano, gentiluomo e persona colta, che aveva accettato il rischio di collocare un programma come questo in prima serata sulla rete principale, mi raccontò che il mattino seguente alla messa in onda, durante una riunione con gli alti dirigenti della RAI, gli erano state mosse critiche per la scelta fatta: la prima serata di Rai Uno è infatti quella che deve fare ascolti, per incassare introiti pubblicitari (e pagare gli stipendi!).

Proprio mentre era sottoposto al fuoco di fila delle critiche, gli arrivò il risultato dell'Auditel: 6 milioni di spettatori! L'ambiente aveva pareggiato con il varietà di Canale 5... Questa operazione di diffusione della cultura ecologica fu completata con un'iniziativa indirizzata alle scuole: dalle due serate, infatti, vennero tratti due documentari, inviati poi a 10.000 scuole italiane. Molti istituti erano già attrezzati con videoregistratori (e parecchi insegnanti usarono poi anche puntate di "Quark" per stimolare discussioni con gli studenti). Arrivare dentro le aule scolastiche con l'aiuto di insegnanti motivati era, ed è tutt'oggi, importantissimo. Ho sempre pensato che questo rapporto scuola-televisione potrebbe essere sviluppato in modo molto più creativo, attraverso materiali pensati e realizzati appositamente, in collaborazione con i professori, e messi a disposizione per illustrare al meglio aspetti o passaggi di una lezione particolarmente complicati, così come avviene per le illustrazioni di un libro di testo.

Ma, a proposito di scuola, vorrei raccontare un'esperienza per me davvero insolita.

La commissione per la riforma primaria

Nei primi anni Ottanta feci infatti parte di una commissione del ministero della Pubblica Istruzione per la riforma dell'insegnamento nella scuola elementare.

Il professor Mauro Laeng, che era il coordinatore di quella commissione, mi telefonò per propormi di diventarne membro. Fui molto stupito, e gli risposi che non avevo competenza in materia. Insistette, dicendo che un personaggio esterno con uno sguardo fresco poteva portare un contributo interessante. Accettai, anche perché ero incuriosito, pensando proprio ai miei anni delle elementari. Devo dire che il professor Laeng era una persona particolare, di grande intelligenza e apertura mentale. Basta un dato per capire il personaggio: oltre a laurearsi in lettere, aveva sostenuto due esami fondamentali in fisica e in biologia, per completare la sua formazione.

Ci riunimmo dunque al ministero, a Roma, in viale Trastevere, in una grande sala, e con mia sorpresa scoprii che i componenti della commissione erano 54! All'inizio della riunione si alzò un pedagogista che, rivolgendosi al sottosegretario presente, disse con molto garbo: "Signor sottosegretario, se permette, credo di parlare anche a nome dei miei colleghi per avanzare una richiesta: che il compenso orario per il nostro lavoro in Commissione sia equiparato a quello di una domestica a ore...". Pensai a una educata provocazione, e certamente lo era, ma in effetti, malgrado le rassicurazioni del sottosegretario, non fu così: il compenso fu inferiore a quello di una domestica a ore. La commissione fu suddivisa in gruppi, e io cercai di contribuire con alcune proposte, due in particolare.

Una era l'insegnamento dell'inglese nella scuola elementare. Mi sembrava una questione di puro buon senso, ma fui sorpreso di trovare tante obiezioni. Alcune strane, come la controproposta di insegnare la lingua di un paese confinante; altre strampalate, come quella di insegnare, invece dell'inglese, l'esperanto. Altre obiezioni, purtroppo più fondate, erano legate al fatto che mancavano gli insegnanti di inglese.

La mia proposta però era semplicemente quella di imparare (bene), nell'arco dei cinque anni, 1500 parole di base. Infatti, è possedendo un patrimonio di vocaboli che si impara a parlare una lingua. È quello che si fa con i propri figli quando si insegna loro a parlare: si insegnano le parole, non la grammatica, i verbi irregolari e la letteratura. Ed è così che io ho imparato le lingue.

A scuola invece ho studiato per otto anni il francese, ma alla fine non lo sapevo parlare: avevo però imparato le eccezioni che al plurale prendevano la "x" anziché la "s": *bijoux, cailloux, hiboux, joujoux, poux, choux, genoux* eccetera. Le lingue ho dovuto impararle da solo, proprio studiando i vocaboli, e mettendoli poi insieme via via sempre meglio grazie alla grammatica (e soprattutto leggendo). Quei 1500 vocaboli iniziali erano la base su cui costruire.

Ma l'idea non venne accolta. "O le cose si fanno bene o non si fanno." E difatti non si fecero (e quei ragazzi persero l'opportunità, alcuni di loro per sempre, di imparare le parole di base per iniziare a comunicare). Qualche anno dopo, comunque, l'inglese si affacciò ugualmente nelle scuole elementari.

L'altra proposta, apparentemente molto semplice, ma a mio avviso anche molto utile, era di mettere sul banco di ogni bambino, già dalla prima elementare, una piccola bilancia a due piatti, del genere di quelle che si vedevano una volta in drogheria, munita di una serie di cubetti di varie dimensioni e colori. Il proposito era quello di cominciare sin da piccoli ad abituare i bambini all'idea che se si vuole una certa cosa bisogna equilibrarla con un'altra.

Più avanti questo sistema sarebbe diventato sempre più complesso e articolato, e avrebbe mostrato che in ogni campo, se si vuole ottenere un vantaggio, bisogna decidere cosa fare (o dare) in cambio. È un concetto basilare, importantissimo nella vita: oggi molta gente vuole solo vantaggi. Gratis. Ed è un discorso che alla fine porta al famoso binomio diritti-doveri. Oggi si parla soltanto di diritti, e mai di doveri. Anzi, del diritto di avere dei diritti. Quando ero piccolo, a me non hanno mai detto che avevo dei diritti: avevo solo dei doveri, che venivano premiati se li rispettavo.

Non è un discorso antico, ma modernissimo, anche e soprattutto a livello politico: troppo spesso si pensa che il paese possa distribuire ricchezza anche se non la produce.

Questo vale un po' per tutti i campi: dall'ambiente all'economia. È importante imparare sin da piccoli che c'è sempre un conto da pagare, e che quando qualcuno promette cose che non può mantenere non è una persona seria.

Un'ultima riflessione sulla scuola. Girando il mondo, ho avuto modo di vedere come sulla scuola i nuovi paesi vincenti si impegnino molto. In Asia, addirittura, l'attenzione per lo studio è quasi ossessiva, e le selezioni sono drastiche, anche per gli insegnanti. Il risultato è che nei test internazionali i paesi asiatici sono largamente in testa: tra i primi cinque paesi classificati, quattro sono asiatici (noi siamo agli ultimi posti!).

In Italia, quando si parla di scuola, si parla soprattutto di precari, di polemiche fra scuola pubblica e privata, di aule fatiscenti, di stipendi degli insegnanti, di carenze di vario tipo. Tutte questioni importanti, senza dubbio. Ma perché non si parla quasi mai di come migliorare l'insegnamento? Certo, molte scuole provano a farlo, molti insegnanti si impegnano, ma manca quella mobilitazione che un paese moderno dovrebbe assolutamente avere su una questione così strategica, soprattutto di fronte ai risultati disastrosi dei test internazionali. Ricordo che il premier britannico Tony Blair disse che il suo programma consisteva in tre punti: educazione, educazione, educazione.

Insomma, non si può entrare nella società della conoscenza se non si punta sulla conoscenza.

E a questo dobbiamo contribuire naturalmente anche con la televisione, la radio e i giornali. Questi ultimi in particolare, perché sono meno pressati dall'audience per una serie di ragioni (hanno una lettura orizzontale, non verticale e rigida come la televisione: un lettore può saltare tra le pagine, e trovare maggiori spazi e argomenti, senza che si riducano gli inserti pubblicitari).

Scrivere di scienza per un quotidiano

Alla fine degli anni Settanta cominciai a collaborare alla pagina culturale de "la Repubblica". Era una pagina soprattutto letteraria, e nel corso degli anni scrissi una cinquantina di lunghi articoli su vari aspetti della scienza. Un'occasione importante per raggiungere un nuovo pubblico, colto ma non di rado lettore poco assiduo di scienza, ma anche un pubblico di amatori (e soprattutto di insegnanti). Era però una presenza saltuaria, mentre un giornale di prestigio come "la Repubblica" avrebbe potuto svolgere un ruolo importante nel diffondere saperi scientifici attraverso un inserto.

Fui quindi molto contento quando Eugenio Scalfari mi chiamò chiedendomi di progettare un inserto settimanale di scienza. Mi misi subito al lavoro, e gli presentai un "numero zero" di otto pagine, molto schematico, che prevedeva articoli, notizie brevi, commenti, interviste, curiosità, rubriche di libri... Ci riunimmo per discuterne, assieme al coordinatore, Sergio Frau, e al responsabile dell'ideazione grafica, Massimo Bucchi. Per "la Repubblica" scrivevano già due bravissimi giornalisti scientifici: Giovanni Maria Pace (storica firma dell'"Espresso") e Franco Prattico, e avevo già in mente altri eccellenti collaboratori e scienziati. Penso che sarebbe stato un ottimo inserto.

A un certo punto, però, Scalfari mi disse che l'editore non gli concedeva i due nuovi redattori che avrebbero dovuto seguire e confezionare l'inserto. Non ho mai capito se avesse cambiato idea e fosse quindi un pretesto per non farlo. Peccato.

Nel 1998, con Lorenzo Pinna, realizzammo per "la Repubblica" una grande operazione editoriale: Ezio Mauro pensò di allegare al giornale dei fascicoli di scienza, e in collaborazione con l'editore De Agostini preparammo 68 fascicoli, ognuno su un tema diverso. Uscivano con "la Repubblica" tre volte a settimana, e furono un successo incredibile: in quel periodo il quotidiano aumentò considerevolmente la tiratura. Una conferma ulteriore che la scienza, se presentata in modo adeguato, può conquistare un largo pubblico.

Questi fascicoli furono poi raccolti in un volume (di oltre 1200 pagine) che ancora oggi qualcuno mi porta da firmare al termine di una conferenza.

XIII

Il Telegiornale dei perché (con sorpresa)

Alla conduzione del Telegiornale tornai in due brevi occasioni. La prima fu quando il mitico direttore generale Ettore Bernabei mi chiese di condurne una nuova edizione sul Secondo Canale (era il 1974, e non c'era ancora il TG2): si trattava di un Telegiornale "ragionato", con ospiti in studio e approfondimenti. Gli dissi che stavo benissimo nella mia nicchia di documentarista. Insistette con il classico: "Solo lei...". Mi permisi di fargli osservare che in un paese di 57 milioni di abitanti certamente esistevano tanti potenziali eccellenti conduttori di Telegiornale: il fatto è che, non facendo mai selezioni o concorsi, questi volti nuovi non avevano ovviamente la possibilità di emergere. "Ha ragione, dovremo farlo, ma intanto lei faccia questo Telegiornale..."

Fu comunque un'esperienza interessante. Ci alternammo con Ennio Mastrostefano per sei mesi. Di quel TG ricordo la partenza traumatica.

Dovevamo infatti andare in onda alle 21, e due ore prima arrivò dall'agenzia United Press la notizia della morte dello scrittore Alberto Moravia. Per noi significava cambiare completamente la scaletta, e dedicare a questa notizia ampio spazio, anche nell'approfondimento in studio.

Un redattore telefonò subito a Enzo Siciliano, suo grande amico, che si addolorò molto e accettò di venire in trasmissione. Un altro redattore fu dirottato a recuperare in archivio immagini di Moravia e scrivere un testo da registrare velocemente.

Stranamente, però, le altre agenzie non davano la notizia (a quel tempo erano gli uscieri che portavano a getto continuo i fogli d'agenzia che uscivano dalle telescriventi situate in un apposito locale).

Il caporedattore Paolo Bolis, rileggendo meglio la notizia dell'United Press, si accorse che c'era un errore di inglese nel testo.

Con un rapido giro di telefonate ci rendemmo conto che la notizia era un falso! Ma chi era il falsario? Venne fuori che i colleghi del TG delle 20 del Primo Canale si erano divertiti a farci questo bello scherzo, a ridosso del momento di andare in onda.

Allarme! Bisogna subito fermare Siciliano... Gli telefonai io e gli spiegai quello che era accaduto, con le mie scuse. "Ma io ho già comunicato la notizia ad altri!..."

"Fermi tutto! Telefoni ai suoi amici e dica di bloccare il passaparola!"

Nel frattempo si avvicinava l'ora di andare in onda. E fu così che iniziammo il Telegiornale dei "perché".

Direttore del TG? No, grazie

La seconda breve occasione in cui tornai al Telegiornale fu quando iniziò il TG2. È una storia molto istruttiva, che non ho mai raccontato.

Dunque, siamo nel 1976, e sta per avvenire un grande cambiamento in RAI: scomparirà la direzione unica di tutti i telegiornali, e ogni canale sarà completamente indipendente, con direttori propri: TG1, TG2, TG3. Questa tripartizione decisa dal Governo, d'accordo con le forze politiche, era destinata a lottizzare la RAI in modo scientifico: TG1 democristiano, TG2 socialista e dintorni, TG3 comunista. La stessa cosa per le direzioni di rete, e così per i giornali radio e i programmi radio. Un prodigio di equilibrismo, un po' come nei *mobiles*, quelle particolarissime sculture di arte cinetica dove ogni pezzo bilancia l'altro.

A quel punto ricevo la telefonata di un alto personaggio del Partito repubblicano. Mi vuole parlare. Gli dico che io non vado nelle sedi dei partiti, ma che se vuole possiamo incontrarci in un caffè. E così avviene, ci incontriamo in un caffè di via del Corso.

Mi spiega che in questo rinnovamento dei telegiornali la scelta del direttore del TG2 era stata delegata al capo del Partito repubblicano Ugo La Malfa. E che La Malfa ha pensato che io sarei stato la persona giusta.

Lo ringrazio, aggiungo che ho stima per Ugo La Malfa, ma che non è mia intenzione diventare direttore del TG2. L'alto personaggio insiste. Gli spiego che un conto sarebbe se io da zero potessi scegliere tutti i miei collaboratori, un altro è arrivare in una struttura già esistente. Inoltre fare il TG nel contesto politico italiano sarebbe diventato per me una sofferenza. L'alto personaggio fa appello al mio patriottismo: "È un po' come il 25 aprile, è un momento in cui possiamo cercare di cambiare le cose! Lei non può tirarsi indietro!". "Va bene" gli dissi testualmente. "Io accetto a una condizione: ogni settimana farò una conferenza stampa e dirò che mi ha telefonato e cosa mi ha chiesto..."

Mi rispose che per loro andava bene. Effettivamente il Partito repubblicano (che qualcuno aveva definito all'epoca "il partito degli onesti") raccoglieva solo poco più del 2 per cento dei voti, e quindi la sua influenza sui TG sarebbe stata comunque minima.

Non ricevetti più notizie...

Quando fu decisa la tripartizione, a ogni giornalista fu lasciata la scelta su dove andare. La riforma prevedeva, tra l'altro, che i documentari non fossero più di competenza dei telegiornali ma delle reti. A dirigere la rete Uno andò Mimmo Scarano, in precedenza a capo di "TV7", che aveva portato con sé molti degli inviati. Mi telefonò e mi disse: "Vieni qui, e fai quello che vuoi". Non potevo non accettare...

Come direttore del TG2 venne nominato Andrea Barbato. Nell'imminenza della partenza dei nuovi telegiornali, nel marzo del '76, Barbato mi chiamò e mi chiese di aiutarlo, conducendo per le prime due settimane. Per me era una situazione imbarazzante, poiché già lavoravo alla rete Uno, ma insistette molto, e per amicizia decisi di dargli una mano (inimicandomi così tutta la direzione del TG1...).

Quando arrivai mancavano pochi giorni all'inizio dell'andata in onda, e mi resi conto che il TG2 era messo male: per esigenze di palinsesto doveva durare quasi un'ora e un quarto! Mezz'ora di notiziario e poi, a partire dalle 20, uno "studio aperto" che voleva essere una specie di "TV7" quotidiano. Una sfida troppo difficile, soprattutto a quel tempo, per poter essere vincente. E così andammo in onda.

Dopo queste due settimane (devo dire un po' sofferte), ripresi il mio lavoro alla rete Uno.

Direttore di rete? No, grazie

Mi fu chiesto a un certo punto anche di fare il direttore di rete. Me lo chiese insistentemente la signora Letizia Moratti, quando divenne presidente della RAI. Mi chiamò nel suo ufficio e mi propose di prendere la direzione di una rete. Non so nemmeno quale, perché la interruppi subito dicendo che la ringraziavo molto, ma l'offerta non mi interessava. Mi cercò ancora attraverso i suoi collaboratori, ma gentilmente declinai. Per la semplice ragione che io faccio un altro mestiere. Ammiro molto chi dirige una rete, ma è un mondo diverso dal mio. Ricoprire la carica di direttore vuol dire occuparsi soprattutto di sceneggiati, film, spettacoli, canzoni, telenovele, programmi leggeri di intrattenimento, oltre che, ma solo marginalmente, di dibattiti, programmi culturali e documentari.

Vuol dire anche avere il telefono che squilla in continuazione e gente in sala d'attesa per proposte, proteste, raccomandazioni, appalti, incontri di dovere, eccetera. Decisamente, non fa per me.

Istruire attraverso gli obbrobri

Mi piaceva invece lavorare "dentro" una rete. Alla rete Uno mi trovai subito bene, anche perché avevo libertà assoluta per l'ideazione e la realizzazione dei programmi, e la possibilità di inventare anche qualcosa di utile: per esempio, educare al bello.

Molti ricorderanno che, durante gli "Intervalli", andavano in onda in quegli anni fotografie di castelli, rocche, palazzi, piazze d'Italia corredate da una didascalia e accompagnate da composizioni per arpa di Pietro Domenico Paradisi (tra l'altro, scoprii che anche quelle immagini erano lottizzate in funzione delle richieste di vari onorevoli: Nord, Centro, Sud...).

Mi venne in mente che le foto potevano essere un eccellente veicolo per fare un po' di educazione "architettonica", alternando queste belle immagini con immagini degli scempi attuali, e anche con certe "ristrutturazioni" che chiamavano veramente vendetta, spiegando che cosa *non* si doveva fare.

Diventò subito un problema di competenze: gli intervalli dipendevano da un'altra struttura, esistevano accordi e impegni per farli in questo modo, non c'era comunque un budget per metter su una piccola redazione e fare ricerche, eccetera.

Cercai di rifarmi, anni dopo, con le "Pillole di Quark".

Gli incredibili "palinsesti" dell'epoca

Intanto, negli anni Settanta le TV private cominciavano a crescere, ma con ascolti ancora molto bassi. La RAI dominava di gran lunga il panorama televisivo, e il cosiddetto "palinsesto" (cioè la tipologia dei programmi e la loro collocazione oraria) era completamente diverso da oggi. Rivisto a distanza di tempo, sembra incredibile.

Penso sia molto interessante vedere com'era la RAI nel 1978. Ecco qui di seguito una giornata televisiva di TV1 e TV2.

Lunedì 11 dicembre 1978

	TV1		TV2
12.30	Argomenti: energia per domani	12.30	Vedo, sento parlo (attualità)
13.00	Tuttolibri	13.00	TG2
13.30	Telegiornale	13.30	Educazione e regioni
14.00	Speciale Parlamento	17.00	Sara e Noè (cartoni animati)
14.25	Una lingua per tutti: l'italiano	17.30	Spazio dispari (rubrica)
17.00	L'aquilone (cartoni animati)	18.00	La TV educativa degli altri
17.40	Ricordo di Ignazio Silone	18.30	Dal Parlamento
17.55	Andrea Lo Vecchio (incontro con il cantautore)	18.50	I programmi dell'accesso
18.20	Argomenti: nel mondo dei funghi	19.00	Il Quartetto Cetra
18.50	L'ottavo giorno (*Le grandi storie della Chiesa*)	19.15	TG2
19.20	Woobinda (*A caccia di canguri*)	20.40	Nero Wolf (sceneggiato)
19.45	Almanacco del giorno dopo		
20.00	Telegiornale		
20.40	A Sud-Ovest di Sonora (film)		
22.25	Acquario di Maurizio Costanzo		
	Telegiornale		
	Oggi al Parlamento		

XIV

Imbrogliare uno scienziato

A volte il caso fa bene le cose. Fu infatti grazie alla visione di un programma di Mike Bongiorno, il "Rischiatutto", nel 1977, che mi decisi a cominciare un'indagine che si rivelò poi ricca di conseguenze.

Uno dei concorrenti più conosciuti e vincenti del programma era il dottor Massimo Inardi, un medico molto gentile e simpatico, che rispondeva con competenza a domande sulla musica classica. Ma era anche l'animatore a Bologna di un centro di studi sulla parapsicologia e, prima delle prove in cabina, raccontava a Mike Bongiorno le meraviglie di questa nuova ricerca: telepatia, chiaroveggenza, premonizioni...

Tutte cose di cui la scienza non si occupava, e che mi sembravano molto improbabili. Comunque, la materia era certamente affascinante, così decisi di fare una lunga inchiesta, intervistando tanti personaggi che affermavano la realtà di questi fenomeni, e anche altri che, viceversa, li contestavano.

Non credo sia il caso qui di addentrarsi nei meandri di questo vero e proprio universo: chi vuole saperne di più potrà leggere il mio libro *Viaggio nel mondo del paranormale*, in cui vengono esaminati i vari fenomeni di cui spesso si parla.

Vorrei però mettere in evidenza alcuni concetti che mi sembrano interessanti. Intanto, va detto che la mia indagine, che diede luogo a cinque documentari televisivi, partiva dal fatto che alcuni di questi presunti fenomeni venivano presi in seria considerazione da persone che avevano titoli accademici: a un certo punto, addirittura, la parapsicologia fu ammessa come una branca di ricerca nella prestigiosa AAAS (American Association for the Advancement of Science, "Associazione Americana per il Progresso della Scienza"), anche se poi ci fu una vera e propria levata di scudi per estrometterla.

Allora, cosa c'era di vero? Devo dire che, sin dall'inizio dell'inchiesta, la cosa che mi colpì maggiormente fu la facilità con cui alcuni dei personaggi che vantavano presunti poteri paranormali erano riusciti a mettere nel sacco affermati scienziati. Il fatto è che gli scienziati non sono attrezzati per scoprire i trucchi dei prestigiatori: i loro controlli non sono sufficienti.

Vorrei raccontare qui un caso per tutti. In seguito all'ondata di popolarità sorta in seguito all'apparire sulla scena di Uri Geller (il famoso personaggio israeliano che piegava i cucchiai "con il potere della mente") vennero fuori dei mini-Geller, cioè ragazzi che riuscivano a fare la stessa cosa.

Una grande industria americana del settore aeronautico volle vederci chiaro, e mise a disposizione una notevole somma per realizzare in proposito una ricerca seria. Un fisico aderì alla proposta, e cominciò a esaminare questi ragazzi. Tra loro c'erano due giovani di circa vent'anni che ottenevano risultati eccezionali, non solo nel piegare cucchiai. Le prime notizie cominciarono a circolare, e il prestigiatore James Randi (personaggio straordinario, grande demistificatore di presunti maghi e veggenti, al quale sono legato da una lunga amicizia) scrisse a questo professore, mettendolo in guardia da possibili trucchi, e offrendosi gratuitamente per ulteriori controlli. La risposta fu: "Grazie, ma il protocollo è molto stretto, non servono altri controlli".

Passò un po' di tempo e i risultati strabilianti ottenuti dai due giovani vennero resi noti. A quel punto, James Randi convocò a New York una conferenza stampa, che vidi in televisione, raccontò la sua offerta di collaborazione, e infine aggiunse: "Sapete chi sono questi due giovani? Eccoli qui, sono due miei allievi che da mesi, in quel laboratorio, compiono giochi di prestigio, non solo piegando metalli, ma muovendo oggetti a distanza!".

Randi mi disse che ci furono molte polemiche: fu accusato di provocazione, ma il premio Nobel per la Fisica Murray Gell-Mann lo propose per una laurea *honoris causa*. Era la prova che per esaminare questi presunti fenomeni occorrono persone dotate di particolari competenze nel campo dei trucchi.

Leggere nei libri chiusi

In altre parole, quando ci troviamo di fronte a personaggi che affermano di riuscire a produrre fenomeni straordinari, è bene accertarsi che dietro non ci sia un inganno. Anche i prestigiatori, infatti, sanno produrre esattamente gli stessi fenomeni, persino cose "impossibili" come leggere nei libri chiusi! (Ci sono cinque o sei modi per farlo.) Si potrebbe replicare dicendo che questo, naturalmente, non significa che quelli originali siano dei falsi. Giusto. Ma, allora, per poterlo verificare occorrono dei controlli: ebbene, le persone che affermano di avere questi poteri non permettono mai a un prestigiatore competente di controllare i loro esperimenti. Da ormai quarant'anni, un assegno di un milione di dollari è a disposizione di chiunque riesca a produrre sotto controllo un fenomeno paranormale di qualsiasi tipo: quelli che ci hanno provato (solitamente persone in buona fede) hanno fallito: gli altri non si presentano mai e rifiutano di lasciarsi esaminare.

È come se qualcuno per strada volesse vendervi un gioiello straordinario, ma rifiutasse di farlo esaminare da un gioielliere. Voi lo comprereste?

Ma, trucchi a parte, in molti mi hanno chiesto se nel corso della mia lunga inchiesta non abbia mai davvero assistito a fenomeni inspiegabili dalla scienza attuale, come per esempio la telepatia.

Qui entriamo in un mondo diverso, dove i fenomeni sono quanto mai evanescenti. Alcuni ricercatori hanno provato a studiarli in modo scientifico, ma non sono mai riusciti a ottenere risultati probanti. Si trattava in genere di esperimenti in cui il candidato doveva indovinare le immagini o i numeri raffigurati su carte speciali. La valutazione era effettuata staticamente su lunghissime serie, ma le ricerche di quel tipo non sono mai state ritenute valide dalla comunità scientifica.

Ci sono però anche i casi personali: moltissimi individui affermano di aver avuto percezioni telepatiche, i cosiddetti *flash*, che si sono poi rivelate coincidenti con la realtà.

Come funzionano le veggenze

Qui entrano in campo le coincidenze e le casualità: un universo ambiguo, in cui le valutazioni possono essere fatte solo su base statistica.

L'esempio più semplice è quello della telefonata. A parecchi di noi sarà capitato di ricevere una chiamata e di rispondere: "Sapevo che eri tu, lo sentivo!".

Ma è davvero un *flash* telepatico?

Gli esperti consigliano in questo caso di segnare su un taccuino l'eventuale "premonizione" prima di rispondere a una chiamata, e annotare poi se corrispondeva alla realtà oppure no.

Ovviamente, verifiche di questo tipo sono state messe in atto in sede sperimentale, ed è emerso che i pronostici azzeccati sono frutto del caso. Il fatto è che noi siamo colpiti dalle coincidenze riuscite, e dimentichiamo le altre.

Un altro esempio. Un giocatore entra in un casinò e punta il 14 su un tavolo di roulette: se il 14 esce, potrà pensare di aver avuto una "premonizione" e racconterà a tutti questo fatto. In realtà, per ogni 37 giocatori che puntano un numero alla roulette ce n'è uno, mediamente, che azzecca la scommessa.

In genere, però, come abbiamo appena visto, ricordiamo

solo le coincidenze vincenti e non le altre. È questo meccanismo che fa la fortuna di cartomanti, veggenti e astrologi. Uscendo dalla seduta, infatti, si rimane colpiti dalle cose azzeccate e non da quelle sbagliate. In questi casi, inoltre, entra in gioco l'"effetto contesto": una semplice frase, cioè, può adattarsi a varie situazioni, e c'è la tendenza a adattarla alle proprie.

È un effetto che gli psicologi conoscono bene. In proposito, è stato fatto un esperimento molto interessante. Uno psicologo ha distribuito un questionario dettagliato a 32 allievi, dicendo che dalle risposte avrebbe stilato per ognuno una descrizione della personalità. Così avvenne, e tutti si riconobbero nelle descrizioni personalizzate. A quel punto lo psicologo rivelò che, in realtà, aveva distribuito a tutti lo stesso foglio, già preparato prima!

Naturalmente non voglio convincere nessuno, ognuno la pensi come vuole. Credo che gli scienziati sarebbero i primi a rallegrarsi se esistesse un nuovo campo così straordinario da studiare ed esplorare con i criteri adeguati. Magari! È tipico della scienza essere aperta a tutto, a condizione, ovviamente, che esista almeno un fenomeno, anche piccolissimo, ma osservabile in condizioni adeguate.

La ragione per cui ho destinato molto del mio tempo al "pensiero magico" è anche dovuta al fatto che l'irrazionalità è entrata sempre più nel campo della medicina, con il rischio di danneggiare non solo la salute della mente, ma anche quella del corpo.

La bella storia del CICAP

Quanto appena detto spiega perché, al termine della mia lunga inchiesta, decisi di creare un comitato che con la sua autorevolezza mettesse in guardia l'opinione pubblica contro le presunte "nuove scienze".

Nel 1978, riunii intorno a una dichiarazione comune venti scienziati di grande prestigio, tra i quali Edoardo Amaldi, il premio Nobel Daniel Bovet, Silvio Garattini e Margherita

Hack. Riuscimmo così a ottenere i primi risultati, intervenendo in varie occasioni su ospedali, servizi pubblici, e anche sulla RAI. Ma mi resi conto che per far funzionare a pieno ritmo il comitato occorrevano dei volontari di base.

L'occasione si presentò quando l'illustre storico Valerio Castronovo mi inviò da esaminare, per una sua ricerca, un pacco di elaborati di liceali milanesi sul tema della scienza. Mi colpì particolarmente il lavoro di un diciottenne, che volava nettamente sopra tutti gli altri. Ecco un ragazzo giusto, pensai.

Andai a Milano per conoscerlo, e per capire se era tutta farina del suo sacco; ed effettivamente trovai un giovane simpatico e molto intelligente. Gli feci allora una proposta: dieci milioni di lire per andare a studiare negli Stati Uniti, all'Università di Buffalo, dove nella facoltà di Filosofia il professor Paul Kurtz aveva creato un gruppo analogo, ben organizzato, con una propria rivista. E quel giovane accettò.

Proprio in quel periodo ricevetti da Voghera la lettera di un altro ragazzo molto in gamba che si dichiarava prestigiatore dilettante: aveva letto il mio libro, e riteneva che fosse necessario organizzare qualcosa per contrastare queste pseudoscienze. Per una coincidenza, passava in quei giorni da Roma James Randi, e gli chiesi di valutare questo giovane. Si videro per tre giorni, e alla fine chiesi a Randi cosa ne pensasse. "È bravissimo! Capisce al volo cose che altri non afferrano" rispose lui. E allora? Allora altri dieci milioni di lire per andare negli Stati Uniti, dove rimase un anno intero sotto la guida di Randi, di cui divenne anche assistente.

Questi due giovani si chiamavano Lorenzo Montali e Massimo Polidoro, e sono oggi le due colonne portanti del CICAP (Comitato Italiano per il Controllo delle Affermazioni sulle Pseudoscienze).

Il CICAP nacque con loro nel 1989, in un piccolo ristorante di via Nizza a Torino, insieme all'astrofisico dell'Università di Trieste Steno Ferluga e al neurobiologo Sergio Della Sala, dell'Università di Edimburgo, in Scozia (entrambi hanno ricoperto la carica di presidente).

Mi scuso se mi sono dilungato nella descrizione di questo evento piccolo, ma per me molto caro. Nel comitato sono poi entrati i più bei nomi della scienza italiana: oltre ai già citati Amaldi, Bovet, Garattini, Hack, personalità come Rita Levi Montalcini, il premio Nobel Carlo Rubbia, Giuliano Toraldo di Francia, Umberto Veronesi, Tullio Regge, ma anche personaggi come Umberto Eco o il mago Silvan, oltre a moltissimi altri.

Oggi il CICAP ha gruppi attivi in quasi tutte le regioni d'Italia, organizza convegni e corsi per investigatori, è molto presente nei mezzi d'informazione, possiede una propria rivista, "Query", e assegna un premio ogni anno a chi l'ha sparata più grossa: la "Bufala d'oro". Il premio viene comunicato al vincitore per telepatia e consegnato per telecinesi...

XV

Medicine alternative: illusioni e tragedie

L'aspetto più preoccupante riguardo alle pseudoscienze è che hanno invaso sempre più il campo della medicina, in varie forme. All'epoca della mia inchiesta, per esempio, erano di moda i guaritori filippini, personaggi che "operavano" a mani nude, estraendo tumori dall'addome dei malati senza lasciare tracce sulla pelle! Erano in realtà dei giochi di prestigio (il nostro mago Silvan spiegò come facevano). Alle loro cure ricorrevano migliaia di malati, partendo dall'Europa con voli charter.

Ma molte altre pratiche "straordinarie" trovavano (e trovano) folle di pazienti disposti a lasciare cure valide per seguire terapie illusorie.

L'elenco è lunghissimo, e al suo interno c'è di tutto. Senza entrare nei dettagli, la cosa che colpisce è che certe persone preferiscano curarsi con queste terapie "alternative", non riconosciute come valide dalla scienza, anziché con quelle che hanno dimostrato la loro efficacia. Ma vi pare un comportamento sensato? Come disse saggiamente la madre di Michele Mirabella: "Io mi curerò con una medicina alternativa quando mi ammalerò di una malattia alternativa!".

Le ragioni di questo comportamento sono le più varie, e anche i casi sono tra loro differenti. Ci sono persone che, per sentito dire, usano prodotti alla moda per "curare" disturbi leggeri o di tipo ciclico che probabilmente se ne andrebbero via da soli (mio padre, che era psichiatra, diceva che per questi disturbi funzionava bene l'ACP, "Aspetta Che Passi"). L'effetto placebo in queste situazioni fa naturalmente la sua parte (piccola parentesi per ricordare che l'effetto placebo esiste in tutte le terapie, e ancor più in quelle valide). All'opposto, esistono casi estremi, che presentano situazioni irrimediabili, in cui i pazienti spesso tentano di tutto, anche l'impossibile, per salvarsi. E sono disposti a rivolgersi a chiunque proponga una cura miracolosa. All'epoca del caso Di Bella, mi telefonò un amico che non sentivo da tempo, professore di Genetica all'Università di Torino: mi confidò che aveva metastasi ovunque e mi chiese se potevo procurargli un contatto con Di Bella. "Lo so, lo so, ma cosa vuoi che faccia nelle mie condizioni?"

Ci sono però altre persone che hanno malattie serie ma sulle quali è ancora possibile intervenire e che decidono di curarsi con terapie inefficaci anziché con quelle valide. Questi sono i casi più incomprensibili e più gravi. Qualche anno fa, un regista che aveva lavorato con me venne a chiedermi l'indirizzo di un bravo oncologo per un caso disperato di tumore al seno; gli chiesi quale fosse il problema e mi disse che sua cognata si era curata con l'omeopatia, ed era ormai terminale. Morì infatti poche settimane dopo.

Un ostetrico, proprio in quel periodo, mi disse di aver visitato una signora anch'essa in gravissime condizioni per un tumore al collo dell'utero (un tumore guaribile nella maggior parte dei casi): si era curata con le erbe. Lei pure morì qualche tempo dopo.

Questi sono casi in cui l'uso di certe terapie "alternative" è criminale. Ed è soprattutto in questo campo che è necessario informare l'opinione pubblica sui rischi che si corrono se ci si lascia sedurre da cure "dolci", "non invasive", "naturali", che "non intossicano", che "sono osteggiate dalle multinazionali per ragioni di interessi", che "curano non il sintomo ma la persona", eccetera.

Omeopatia: processo a Piero Angela

Purtroppo i mezzi d'informazione, in generale, non si impegnano molto per combattere questi pseudofarmaci. E il paradosso è che chi cerca di farlo, come me, può trovarsi sul banco degli imputati! Infatti, per un servizio di "SuperQuark" – realizzato insieme a Giangi Poli – sull'inefficacia dell'omeopatia ebbi tre denunce per diffamazione da parte di medici omeopati. Le accuse principali erano due: aver detto che l'omeopatia era acqua fresca, e non aver fatto parlare i medici omeopati, in base alla regola della *par condicio*.

Spiegai alla Corte in cosa consisteva l'omeopatia. Partendo da una sostanza ritenuta (dagli omeopati) simile a quella che ha provocato la malattia, si procede a una serie di diluizioni.

In un contenitore si mettono 99 parti di acqua e una sola parte di questa sostanza "attiva". Poi si agita verticalmente 100 volte. A quel punto si getta via il 99 per cento del contenuto, e lo si riempie nuovamente con altra acqua. Quindi la sostanza iniziale da una parte su cento si riduce a una parte su diecimila, cioè a un decimillesimo. Poi si ripete l'operazione una seconda volta, una terza, una quarta, e così via, sempre gettando il 99 per cento della soluzione e tornando a riempire il contenitore di acqua. Da un decimillesimo si passa quindi a un milionesimo di sostanza attiva, poi a un centomilionesimo, a un decimiliardesimo. Alla tredicesima diluizione non esiste più staticamente una sola molecola della sostanza iniziale. E si continua ancora a diluire: 14, 15, 20, 30, 40, 50, 60, 120 volte. A quel punto non esiste più alcuna molecola che sia stata in contatto non solo con la sostanza attiva, ma neppure con l'acqua che era stata a contatto con lei. Insomma, "acqua fresca" (devo dire che la definizione nel servizio non era mia, ma di un illustre immunologo). Ed è quest'acqua che costituisce il farmaco miracoloso per curare i malati!

Ci furono in tutto cinque processi, compresi i ricorsi. Ero difeso dall'avvocato Giulia Bongiorno, persona eccellente (e molto aggressiva in udienza). Fui interrogato a lungo, e portai una documentazione probante: rapporti scientifici internazionali di grande autorevolezza e dichiarazioni di personalità del mondo della ricerca medica quali i professori Umberto Veronesi, Silvio Garattini, Alberto Mantovani, ma anche due interventi di premi Nobel, che mi felicitavano per il servizio e che furono decisamente drastici nel giudizio sull'omeopatia: Rita Levi Montalcini ("Una non cura, potenzialmente pericolosa, perché sottrae i pazienti da cure valide") e Renato Dulbecco ("Pasticci senza valore alcuno").

Con questo volume di fuoco era difficile perdere la causa, anche se in uno dei processi il pubblico ministero, contrariamente agli altri che chiedevano la mia assoluzione, mi attaccò con notevole virulenza. Scoprii dopo (me lo disse lui stesso) che si curava con l'omeopatia, e così pure la sua famiglia... Meno male che non era il giudice!

La scienza non è democratica

C'era poi la questione della *par condicio*, cioè il non aver dato la parola agli omeopati in trasmissione. Questo era un punto estremamente importante, tanto sotto l'aspetto professionale quanto sotto quello giuridico, e fui interrogato a lungo a riguardo. La RAI, come servizio pubblico, ha infatti l'obbligo della pluralità delle voci, specialmente su problemi controversi: perché non osservai questa regola?

Spiegai al giudice che il mio era un programma scientifico, non un confronto di opinioni, e gli feci un esempio. Se io portassi in trasmissione due persone, una che sostiene che la Terra è rotonda, l'altra invece che la Terra è piatta, e dicessi alla fine: "Avete sentito le due campane, ora giudicate voi", sarei immediatamente delegittimato dalla comunità scientifica. Nella scienza, infatti, bisogna sempre portare le prove di ciò che si afferma.

Nessuna rivista scientifica darebbe spazio (e non parliamo nemmeno di *par condicio*) ad affermazioni mai suffragate da prove, e considerate addirittura prive di qualsiasi fondamento.

In altre parole, dissi, la scienza non è democratica. Non è come in Parlamento, dove ogni voto conta e ogni voce ha diritto di cittadinanza: la velocità della luce non la si stabilisce a maggioranza, per alzata di mano. Se io in televisione praticassi la *par condicio*, mettendo sullo stesso piano scienza e pseudoscienza, sarei screditato, e con me lo sarebbe il servizio pubblico.

I giudici accolsero la mia posizione. Ed è molto importante, perché stabilisce un principio che, secondo me, dovrebbe adottare anche la RAI. Questo criterio, per esempio, non è stato osservato all'epoca del caso Di Bella.

E proprio per questo molti scienziati e medici si sono trovati in difficoltà in trasmissioni in cui i sostenitori del metodo Di Bella affermavano successi e presentavano risultati senza che fosse possibile controllarli seriamente.

Un mio carissimo amico delle scuole elementari, Renzo Tomatis (anche lui dell'epoca di don Ughetti), mi raccontò la sua irritante esperienza in uno di quei dibattiti. Tomatis era un oncologo di fama internazionale, aveva passato tutta la vita in prestigiosi centri di ricerca negli Stati Uniti, ed era poi diventato direttore del grande centro di oncologia dell'Organizzazione Mondiale della Sanità a Lione, in Francia. Era stato coinvolto nel caso Di Bella dal ministero della Sanità: al professor Veronesi era stata delegata la sperimentazione del metodo sui pazienti; a lui, il compito di verificare sul computer del professor Di Bella i dati raccolti durante la ricerca.

Quando venne da me a cena, mi confidò che questi dati erano largamente incompleti, pieni di lacune, e mi disse anche che era stato invitato a un dibattito televisivo, ma che era molto incerto. Lo incoraggiai ad andare. Il giorno successivo mi telefonò infuriato, dicendo che non era possibile confrontarsi in una situazione emotiva dove bisognava replicare all'istante ad affermazioni non provate, al ritmo di un dibattito politico.

Va ricordato che in quel periodo l'immagine del professor Di Bella era diventata per molti quella di un nuovo Galileo, di un medico onesto che aveva scoperto una cura efficace (e non invasiva) ma che veniva ostacolato dalla classe medica e dalle multinazionali per questioni di interessi.

Un altro caso, ancor più clamoroso, è stato quello di Stamina, una presunta cura a base di cellule staminali inventata da Davide Vannoni, laureato in Scienze della comunicazione, in collaborazione con alcuni medici (poi messi sotto processo e condannati). La cosa sconcertante è come certi magistrati abbiano sostenuto la libertà di cura a spese del servizio sanitario nazionale, sia nel caso Di Bella sia in quello Stamina, e come certe televisioni abbiano lanciato messaggi controversi, in qualche caso dando largo spazio ai sostenitori di queste cure di fronte all'opinione pubblica.

Come si controlla un farmaco

Ci si dimentica spesso che un farmaco (qualunque farmaco), prima di essere somministrato ai pazienti, deve aver dimostrato di essere efficace attraverso una serie di severi controlli, attuati tramite sperimentazioni ben regolamentate. Deve cioè dimostrare di non essere tossico, di essere efficace nella cura di certe malattie, e di essere più valido, o altrettanto valido, di altri farmaci già esistenti. Se non supera questa serie di prove, non può essere autorizzato.

I prodotti "alternativi" proposti da pratiche come l'omeopatia non hanno mai superato i classici controlli; hanno semplicemente superato la prova di non tossicità, come avviene per tutti i prodotti alimentari, dalla pasta alle caramelle.

Queste cose bisognerebbe insegnarle a scuola, perché sono alla base del metodo scientifico: non basta affermare la bontà di una cura o di una scoperta, qualunque essa sia: bisogna portare le prove documentali, in modo che anche gli altri ricercatori, seguendo la stessa procedura, ottengano gli stessi risultati. È il passaggio dalla soggettività all'oggettività. È per questa ragione che le riviste scientifiche più autorevoli prima di pubblicare qualsiasi articolo lo fanno valutare da esperti (anonimi) che danno il loro parere; se questo è negativo, l'articolo non sarà pubblicato, o dovrà tornare corredato da ulteriori elementi (certi rilassamenti verificatisi di recente in questi controlli hanno scatenato forti polemiche).

I personaggi che una volta al bar venivano zittiti

Oggi la questione di una corretta informazione scientifica si è ulteriormente complicata con l'arrivo del Web, perché chiunque può inserire nella rete dati falsi, ricerche fasulle, denunce di complotti inesistenti, o provocare allarmi privi di fondamento, senza doverne rispondere. Infatti, mentre giornali, radio e televisioni hanno direttori responsabili delle notizie pubblicate, e se pubblicano o trasmettono falsità sono passibili di sanzioni (oltre alla perdita di credibilità), sul Web circola impunemente, o quasi, di tutto. Anche perché l'autore può rendersi irrintracciabile.

È un po' come se ognuno oggi possedesse un proprio giornale o una propria televisione con cui poter raggiungere, potenzialmente, milioni di persone in tutto il mondo. Senza alcun controllo, e dicendo le cose più strampalate. Umberto Eco diceva che certi personaggi, che una volta straparlavano al bar dopo qualche bicchierino e venivano subito zittiti, oggi sul Web possono pontificare e dibattere con autorevoli scienziati che, chiamati in causa, pazientemente rispondono ad accuse o insinuazioni diffamatorie.

E poi sulla rete si formano piccole catene di adepti che spesso moltiplicano a valanga i loro messaggi, dando l'impressione di essere decine o centinaia di migliaia.

Recentemente, è esploso in Italia un caso sulle vaccinazioni. Sulla base di quello che aveva affermato sul finire degli anni Novanta un medico britannico, Andrew Wakefield (poi smentito e addirittura radiato dall'Ordine dei Medici), e cioè che i vaccini potevano provocare l'autismo, un numero crescente di madri non ha più vaccinato i propri bambini.

Non solo, ma sono apparsi sul Web siti molto violenti contro le vaccinazioni, sostenendo che è un crimine continuare a praticarle, perché in certi rari casi possono avere conseguenze nefaste. Il ministero della Sanità ha dovuto intervenire in modo drastico, anche perché si sta abbassando la media dei bambini vaccinati, con il rischio di far riemergere malattie oggi sotto controllo. Anche il CICAP è stato coinvolto in quest'opera educativa del Consiglio Superiore di Sanità.

Dietro questa disinformazione non ci sono solo incompetenza e malafede: c'è anche l'obiettivo di creare scandalo, fare notizia e quindi aumentare il numero di coloro che vanno a vedere di che cosa si tratta. In questo modo il blog incassa più soldi dalla pubblicità. Inoltre, più la bufala è cliccata e più sale in classifica, e più viene vista.

In due occasioni alcuni blog hanno annunciato la mia morte... La "notizia" è stata ripresa da alcune radio locali, e a un certo punto ho ricevuto una telefonata da Bruno Bozzetto: "Ma sei tu? Allora sei vivo!".

"Sì che sono vivo!"

"Ma hanno annunciato che sei morto!"

"No, non ancora..."

La seconda volta ero a Camogli per il Festival della Comunicazione organizzato da Umberto Eco. Poco prima dell'inizio ricevetti una telefonata dal direttore dell'agenzia Adnkronos: "Il dottor Angela?".

"Sì, sono io."

"Come sta?"

"Bene, anzi, benissimo..." risposi, e cominciai la conferenza proprio dicendo: "Purtroppo devo comunicarvi una notizia molto triste. Non potrò tenere la conferenza perché da notizie circolate sulla rete risulto deceduto...".

XVI

"Quark"

Mercoledì 18 marzo 1981 fu per me un giorno importante: quella sera, infatti, andò in onda la prima puntata di "Quark". Da tempo pensavo di creare una rubrica settimanale, perché avrebbe permesso alla scienza di essere più presente in TV e anche di spaziare in tanti campi. Finalmente il progetto andò in porto.

Il programma durava 55 minuti ed era composto da quattro o cinque servizi, girati in Italia e all'estero. Quella prima serie fu di diciotto puntate, più altre dieci realizzate con documentari naturalistici.

Per prudenza, "Quark" fu collocato in seconda serata, per capire quale sarebbe stata l'accoglienza del pubblico. Ma la cosa incredibile, oggi, è che la seconda serata, allora, cominciava già alle 21.35! Infatti, dopo il Telegiornale e "Carosello", prima di noi andava in onda "Dallas", la seguitissima serie televisiva americana, che durava solo 55 minuti.

La prima puntata di "Quark" fece un ascolto di 9 milioni, quasi quanto il Festival di Sanremo oggi. A quel tempo, gli ascolti erano completamente diversi da quelli attuali: pensate che "Portobello", la popolarissima trasmissione di Enzo Tortora, superava i 20 milioni di spettatori (poi venne Berlusconi...).

Per trovare il titolo del programma ci fu una lunga selezione su una lista di cinquanta proposte. Alla fine prevalse "Quark", inteso come "andare dentro le cose" (i quark sono quelle minuscole particelle che si trovano nel nucleo degli atomi).

Vorrei ricordare qui i tre straordinari autori che hanno fatto parte del gruppo storico del programma e che da allora non hanno smesso di collaborare, rendendone possibile il successo nel corso degli anni: Lorenzo Pinna, Giangi Poli e Marco Visalberghi, insieme alla regista Rosalba Costantini, alla curatrice Rosanna Faraglia e alla regista Renata Mezzera per "Il mondo di Quark".

"Il mondo di Quark", che iniziò l'anno successivo, fu il primo prolungamento del marchio, con un appuntamento quotidiano alle due del pomeriggio, seguito da moltissimi studenti (ancora oggi, mi sento dire da tanti quarantacinquantenni: "Io sono cresciuto a pane e Quark!").

L'universo "Quark" si è in seguito ramificato in tutte le direzioni ("Quark Enciclopedia", "Quark Atlante", "Serate Quark"), con programmi dedicati all'ecologia, alla storia, all'archeologia, all'economia e a molti altri campi (il 4 giugno del 1999 festeggiammo già le duemila puntate!).

Insomma, "Quark" si era rivelato la chiave giusta per aprire una stagione nuova di programmi che fino a quel momento, stranamente, erano quasi assenti in televisione (e mi sono sempre chiesto come mai).

Trovare un linguaggio adatto era importante, e fu forse questa l'innovazione principale che ci permise di parlare di qualunque argomento usando persino i cartoni animati. Sin dalla prima puntata, infatti, cominciò a collaborare al programma il celebre Bruno Bozzetto.

E qui bisogna chiarire una cosa che forse non tutti hanno capito. Per tradizione, siamo abituati a considerare i cartoni animati come film per bambini: storie divertenti, personaggi di fantasia, racconti fiabeschi. Usare quindi il cartone animato per fare scienza può dare l'impressione di fare divulgazione per un pubblico infantile o terra terra.

Ma queste animazioni, in realtà, sono state spesso scritte in collaborazione con grandi scienziati, che hanno colto perfettamente la loro straordinaria capacità di far penetrare un messaggio, perché consentono di visualizzare cose spesso invisibili e, grazie alla loro attrattività, rendono più ricettiva la mente di tutti, compresa (e forse soprattutto) quella delle persone colte, ma che hanno bisogno di rinfrescare i lontani ricordi liceali.

Le cose andarono in questo modo. Alla fine del 1980 ricevetti una lettera da Bozzetto, che non conoscevo personalmente, nella quale mi raccontava di aver letto il mio libro *L'uomo e la marionetta*, che parlava dei condizionamenti genetici e ambientali sul comportamento umano. Mi disse che, leggendolo, lo aveva visto come se si fosse trattato di un film! Mi proponeva quindi di realizzare un film basandosi proprio sul libro. La cosa mi fece molto piacere: gli risposi però che, per capire meglio quali risultati si potevano ottenere, sarebbe stato meglio cominciare con un breve cartone da inserire all'interno di "Quark". Mi attraeva infatti l'idea di utilizzare quel mezzo inusuale per illustrare argomenti difficili da spiegare: ad esempio, concetti astratti o aspetti teorici della scienza dei quali non è possibile "filmare" immagini dirette.

Così gli inviai un articolo che avevo appena scritto per la pagina culturale de "la Repubblica", alla quale collaboravo a quel tempo, intitolato "Quanto petrolio consuma il filosofo". Il filosofo, infatti, non produce cibo, né oggetti, né servizi. Egli pensa. Ma per poter pensare deve avere dietro di sé una lunga catena energetica che lo sorregga. Gli inviai il testo scritto su una metà del foglio, e sull'altra metà avevo aggiunto le scenette corrispondenti.

Ne uscì un bellissimo cartone animato. E fu l'inizio di una lunga collaborazione. Nel corso degli anni realizzammo per "Quark" ben quarantacinque cartoni animati di 8-10 minuti ciascuno (cioè in totale quasi 7 ore, l'equivalente di quattro film). Un lavoro da certosini, perché ogni fotogramma doveva essere colorato a mano (e in ogni secondo ci sono venticinque fotogrammi!).

Utilizzando questi cartoni animati spiegammo gli argomenti più difficili: meccanica quantistica, relatività, entropia, superconduttori, embriologia, ingegneria genetica e tantissime altre questioni di fisica, psicologia, statistica, eccetera.

In seguito, utilizzammo i cartoni animati per spiegare temi complicati quali l'integrazione europea o l'economia. Bozzetto mi disse che quando riceveva i miei testi ripiegava la metà del foglio, per non essere influenzato dalle mie vignette, e che quando le confrontava con le sue risultavano all'80 per cento uguali...

La formula di "Quark", più agile e più varia rispetto a quella dei documentari, permise un'esplosione di servizi girati in tutto il mondo. Era una scoperta continua di argomenti, esperimenti, studi di grande interesse. La cosa che continuava a stupirmi era che nessuno fosse andato a pescare in questo oceano di ricerche. Solo negli anni Sessanta il regista Giulio Macchi aveva realizzato un bel programma, "Orizzonti della scienza e della tecnica", con puntate di taglio monografico, ma stranamente aveva poi dirottato su altri argomenti le sue produzioni.

Riguardando indietro agli anni di "Quark" e a tutto il lavoro fatto, riemerge una lunga galleria di scienziati e di ricerche che, forse, hanno permesso al grande pubblico di conoscere meglio l'opera silenziosa di tanti ricercatori e comprendere l'importanza per un paese di investire nella ricerca.

Beppe Grillo

Tra i tanti argomenti di cui ci occupavamo, ovviamente, non poteva mancare l'ecologia. E c'è un episodio curioso in proposito che vale la pena di ricordare, perché riguarda un personaggio oggi molto di attualità: Beppe Grillo.

Nella seconda metà degli anni Ottanta, Beppe Grillo era stato cacciato dalla RAI – dopo aver preso parte a numerosissime trasmissioni di successo – per una battuta sui socialisti che non gli era stata perdonata. In quel periodo si era inventato degli spettacoli "ecologici", in teatri-tenda, denunciando gli inquinamenti di ogni tipo che stavano avvelenando aria, acque, terreni e coscienze. Erano spettacoli molto creativi, fatti come solo lui sapeva fare.

Un giorno lo incontrai casualmente (nella hall di un albergo, credo). Ci salutammo e mi venne un'idea. Gli dissi, in sostanza: "Perché non facciamo qualcosa insieme? Se lei è d'accordo, potremmo registrare il suo spettacolo, e scegliere di comune accordo tre o quattro brevi sequenze, ognuna su un argomento diverso. Partendo da queste denunce, potremmo abbinarle ogni volta a un nostro servizio che riprenda l'argomento con un taglio scientifico, in modo da avere un quadro più completo". Per Grillo era un modo per tornare a parlare al suo pubblico; per noi, un modo attraente per parlare di ecologia.

Mi parve interessato, e mi disse che ci avrebbe pensato. Qualche giorno dopo mi telefonò dicendomi di no. Non gli chiesi le ragioni, ma secondo me fu un'occasione persa. Forse temeva che la verifica scientifica avrebbe smorzato l'effetto teatrale delle sue argomentazioni.

Oltre ai servizi di scienza, a "Quark" trasmettemmo una serie di incontri con personaggi particolari, alcuni veramente incredibili. Uno degli incontri che mi rimase più impresso fu quello con uno di quei giapponesi che, nelle isole del Pacifico, rimasero nascosti nella giungla per anni dopo la fine della Seconda guerra mondiale, senza mai arrendersi, riuscendo a sopravvivere in condizioni estreme.

Il giapponese nella giungla

Negli anni Sessanta, quando ancora vivevo a Parigi, avevo letto il racconto di un soldato giapponese, Tadashi Ito, rimasto nascosto nella giungla dell'isola di Guam per sedici anni! Era passato molto tempo, era ancora vivo? Tentai di rintracciarlo, e ci riuscii. Entrai in contatto con lui e gli proposi di andare insieme nella giungla, dove non era più tornato. Fu così che, con una troupe giapponese e un interprete, ci recammo nei luoghi in cui si era svolta questa storia pazzesca. Credo che valga la pena raccontarla, anche perché il "dietro le quinte" è incredibile e poco conosciuto.

Quando gli americani sbarcarono sull'isola, mi disse Tadashi Ito, dopo una furiosa resistenza lui e i soldati del suo reparto si ritirarono nell'interno, disperdendosi tra la vegetazione e dentro le caverne.

Gli ufficiali, a quel punto, dissero ai loro soldati: "Resistete! L'imperatore manderà dei rinforzi per liberarvi. E non arrendetevi assolutamente, perché gli americani non fanno prigionieri, appena vi cattureranno vi uccideranno!".

Questo era il messaggio: se vi arrendete vi ammazzano!

Ecco perché quei soldati non si arresero: all'inizio, a sostenerli c'era l'attesa fiduciosa dell'arrivo dei rinforzi ("L'imperatore manterrà la sua parola"), ma in definitiva fu la paura di essere uccisi a farli rimanere nascosti.

Tadashi Ito mi raccontò che alla fine della guerra gli americani avevano lanciato dei volantini sull'isola, per fare uscire questi soldati nascosti, spiegando loro che la guerra era finita e che potevano tornare a casa. Insieme ai volantini paracadutavano anche dei giornali giapponesi con la notizia della fine delle ostilità, e persino con la foto della firma della resa sulla corazzata USS *Missouri*. Ma non ci fu niente da fare. "È un trucco degli americani per farci uscire allo scoperto e catturarci" continuavano a ripetersi i soldati nella giungla.

Pian piano il reparto si disunì: alcuni morirono di stenti, altri furono catturati, altri ancora uccisi in rastrellamenti. Alla fine il nostro soldato rimase solo, ma ogni tanto avvistava altri compagni, anche loro solitari.

Furono anni terribili. Perché non soltanto bisognava sopravvivere nella foresta, lottando ogni giorno per procurarsi il cibo, ma bisognava farlo senza essere avvistati. Perché le popolazioni autoctone dell'isola organizzavano vere e proprie battute di "caccia all'uomo", con fucili e cani.

Per ritrovare i luoghi esatti ci recammo in un punto della costa a sud dell'isola, dove sfociava un piccolo torrente, e seguendo il corso d'acqua risalimmo verso una zona montuosa ricoperta da una fitta vegetazione.

Tadashi Ito mi disse che era rimasto ferito di striscio al ventre da una fucilata, durante una delle cacce all'uomo, e per questo dormiva sempre in prossimità di un dirupo, per avere una via di fuga rapida.

All'inizio sopravvisse mangiando tutto quello che trovava nella foresta, ma ben presto si organizzò per fare provvista di carne. Nell'arco di sedici anni, mi disse, sparò solo otto colpi col fucile, durante i temporali per nascondere il rumore, ammazzando ogni volta un animale: solitamente un maiale, una volta un vitello.

Per conservare la carne, però, era necessario disporre di molto sale, e imparò a procurarselo andando di notte sulla costa e riempiendo di acqua di mare una camera d'aria di camion ritrovata in una discarica dell'esercito americano.

Quella discarica era la sua preziosissima miniera: vi si poteva trovare di tutto, cartoni, fil di ferro, copertoni, teloni, contenitori in plastica, e tanto altro. Tutte cose utili per fare contenitori per i cibi, scarpe, pentole, abiti, scatole. Quando si recava furtivamente di notte alla discarica intravedeva i soldati americani alla base. Con tanto di luci e una musica strana che non aveva mai sentito in vita sua (forse un boogie-woogie).

Ritrovammo, a un certo punto, una delle caverne che aveva utilizzato: una caverna aperta su due lati, per favorire la fuga in caso di emergenza. All'interno, trovammo ancora i legni che usava per appendere la pentola. Infatti cucinava il cibo all'interno dei suoi rifugi, per evitare che si vedesse il fumo e che l'odore si spargesse.

Mi spiegò che nascondeva i suoi beni in tre caverne diverse, per evitare di perdere tutto nel caso una fosse stata scoperta. E se si ammalava? Si stendeva per terra, in attesa che il male passasse.

Ma c'era la possibilità che qualche altro soldato fosse ancora nascosto nella giungla? Un poliziotto di Guam, che si era appassionato a questa storia, mi aveva detto che l'anno prima aveva visto, in prossimità di un laghetto, le impronte di un uomo che camminava con una gamba sola... Era convinto che nella giungla ci fossero altri soldati sopravvissuti.

Tadashi Ito mi raccontò che un suo compagno di reparto viveva in una buca di tre metri per tre che si era scavato, mimetizzandone l'entrata. Usciva solo di notte e viveva mangiando topi, che catturava con delle trappole. Ma aveva avvistato anche altri soldati solitari, e con uno di loro passò l'ultimo anno.

Da Tokyo avevamo portato un altoparlante e la registrazione dell'annuncio della fine della guerra fatto dall'imperatore. Ci recammo in certi punti particolari e Tadashi Ito, con l'altoparlante, si appellò a qualche possibile superstite dichiarando il suo nome, la sua storia, e facendo sentire la voce dell'imperatore. Si emozionò profondamente nel fare gli annunci, che gli facevano rivivere una tragedia durata sedici anni, ed entrò in crisi: volle andare via da quei luoghi e tornare a casa. Rispettai il suo stato d'animo.

Non riuscimmo così a realizzare l'ultima parte di questo ritorno al passato: ritrovare una caverna dove il nostro amico aveva nascosto tre spade da samurai, appartenenti a ufficiali giapponesi morti. Questa caverna si trovava in una zona dell'isola di Guam che era diventata base militare nucleare. Avevo chiesto i permessi, ma occorreva una settimana per la risposta da Washington.

Nel 1960, il compagno con il quale aveva passato l'ultimo anno fu catturato mentre stava rubando della frutta di notte, e Tadashi Ito a questo punto decise di arrendersi.

Fu preso dai poliziotti e portato alla base militare americana, dove ritrovò il suo compagno. I due furono sbarbati, lavati (e scrostati) e, dopo una visita medica e un lungo interrogatorio, vennero caricati su un aereo militare. Molto sorpresi di non essere stati ancora uccisi, pensavano che gli americani, una volta sull'oceano, li avrebbero buttati nel vuoto. Invece il volo continuò, fino ad arrivare all'aeroporto di Tokyo. Solo in quel momento si resero conto di essere tornati a casa.

Un'immensa folla li acclamava come eroi nazionali, con bandierine e fazzoletti, gridando: "*Banzai! Banzai! Banzai!*".

Tadashi Ito, tuttavia, non riuscì mai a riadattarsi completamente alla vita normale, dopo il trauma di quegli anni. Quando lo conobbi io, faceva il guardiano notturno.

Le pillole quotidiane

Pur avendo già realizzato un numero considerevole di puntate di "Quark", mi resi conto che c'era una notevole quantità di argomenti di grande interesse e utilità che non venivano toccati e un larghissimo spazio libero per trattarli, e raggiungere così anche un pubblico diverso dal nostro abituale.

Esisteva un modo per rimediare? Forse sì. Mi venne in mente di realizzare dei miniprogrammi di 30 secondi da infilare qua e là nella programmazione RAI. Ognuna di queste "pillole" poteva contenere un'informazione, un concetto, una ricerca, un promemoria su argomenti diversissimi: non solo scienza, ma medicina, sviluppo mentale del bambino, ambiente, invecchiamento, nutrizione, pericoli della casa; e poi musica, lettura, educazione stradale, eccetera. I dirigenti RAI furono d'accordo, e a metà degli anni Ottanta producemmo così ben duecento di queste pillole, da disseminare nell'arco della giornata. Erano concepite in modo creativo e spesso divertente, con l'aiuto di fiction, filmati, animazioni grafiche, candid camera, testimonianze e cartoni animati.

Andai a trovare i responsabili di alcune rubriche quotidiane, proponendo loro di inserirle in testa o in coda ai loro programmi. La cosa funzionò, e a un certo punto le "Pillole" di Quark furono inserite anche all'interno dei blocchi pubblicitari. Il risultato fu di ben cinquemila passaggi nell'arco di un paio d'anni.

Era un modo per arrivare "a tradimento" nella mente dei telespettatori, con messaggi e messaggini ripetuti.

Verso la fine degli anni Ottanta cominciò una nuova e stimolante fase di divulgazione scientifica, grazie alle innovative tecniche elettroniche, che permettevano una serie di efficacissimi effetti speciali.

Usando queste tecniche in modo creativo si poteva viaggiare in mondi microscopici, costruire realtà virtuali, esplorare cellule e tessuti come mai era stato possibile prima. Per questo pensai di realizzare un lungo viaggio dentro il corpo umano, diventando piccolo come un microbo. Fu un'autentica avventura. Molti se lo ricordano ancora, quel programma, al quale sono particolarmente legato per il lungo e impegnativo lavoro ma anche perché fu girato in inglese, oltre che in italiano, e venduto in tutto il mondo.

Viaggio nel corpo umano

L'idea mi era venuta osservando sulle riviste scientifiche alcune fotografie del nostro organismo riprese con il microscopio elettronico a scansione. Erano fotografie in bianco e nero molto nitide, con i vari tipi di tessuti e cellule indicati da numeri e sigle.

Pensai che, eliminando i numeretti ed evidenziando i vari tipi di tessuti con colori diversi, sarebbero apparse immagini di grande bellezza. Cercai di mettermi in contatto con gli autori di queste immagini, e scoprii che uno dei più autorevoli esperti al mondo, assieme a un americano e un giapponese, era un italiano che si trovava proprio a Roma: il professor Pietro Motta, direttore dell'Istituto di Anatomia dell'Università di Roma.

Ci incontrammo, e fin da subito prese il via una intensa collaborazione, all'insegna della creatività: il professor Motta si dimostrò interessatissimo al progetto, e lavorammo insieme a lungo, per preparare le immagini, con l'aiuto di un bravissimo grafico che già lavorava per me, Italo Burrascano, che colorò con estrema accuratezza i vari tessuti. Ne vennero fuori immagini straordinarie: un mondo mai visto, con paesaggi cellulari incredibili, che la scansione elettronica e i colori artificiali facevano apparire quasi in tre dimensioni.

Erano riprese di ogni parte del corpo umano, una specie di reportage di come siamo fatti dentro, a livello microscopico. Il professor Motta mi mostrò anche come a quel livello le cellule degli esseri umani e degli altri mammiferi fossero quasi identiche, in certi casi indistinguibili, e quanto queste ricerche fossero importanti per gli studi di anatomia comparata.

Ma il progetto qual era? In quel periodo si cominciava a usare in televisione il "chroma-key", quel marchingegno elettronico che consente di sovrapporre due immagini (un personaggio si muove su un fondo interamente verde o azzurro, sul quale viene poi sovrapposto del materiale girato in precedenza, creando così uno sfondo "virtuale").

In altre parole, con questa tecnica io avrei potuto, appunto, camminare tra i tessuti cellulari ridotto alle dimensioni di un batterio! E, naturalmente, descrivere quello che incontravo. Ma la vera trovata era quella di aggiungere dei "mascherini" che mi permettevano anche di "girare dietro" le cellule, dando l'impressione di spostarmi veramente in un ambiente a tre dimensioni.

Ne parlai con la regista Rosalba Costantini e soprattutto con un tecnico RAI bravissimo, Gianfranco Morbidi, e insieme inventammo tantissimi trucchi e trucchetti per rendere possibili le riprese. Coinvolsi nel progetto anche un famoso scenografo-pittore che aveva già sperimentato effetti simili, Eugenio Guglielminetti. Anche lui si entusiasmò e costruì dei "teatrini" di cartone su vari piani (per creare l'effetto di profondità), che rappresentavano l'ambiente nel quale mi sarei mosso.

Nel frattempo io avevo scritto, con la consulenza del professor Motta, otto copioni di un'ora, dedicati appunto agli organi che avevo intenzione di "visitare": orecchio, occhio, naso e gola, stomaco e intestino, polmoni, ossa, fegato, cuore.

E così entrammo in produzione. Fu una squadra fantastica, che non badava alla fatica e agli orari. Guglielminetti, all'epoca settantenne, si trasferì da Asti a Roma, e già alle sette del mattino era pronto per preparare i set.

Il mio "viaggio" era molto complicato e, a volte, addirittura rocambolesco: di volta in volta con abiti diversi – da alpinista, da sub, e persino in smoking – mi aggiravo nei vari tessuti; per esempio scendendo nell'esofago con una scaletta a corda, volando a bordo di un globulo rosso, arrampicandomi su una papilla gustativa, scivolando sulle fibre cardiache, remando su una barchetta dentro la cistifellea, muovendomi con un ascensore lungo la trachea, nuotando dentro il flusso sanguigno, o anche incontrando sulle corde vocali la celebre cantante Raina Kabaivanska per mostrare le variazioni indotte dal canto.

Questi effetti permettevano anche di osservare certe funzioni in movimento, per esempio mostrare come poteva prodursi un infarto.

Uno degli aspetti curiosi del programma era che in realtà io mi sdoppiavo: conducevo il programma da studio, poi mi collegavo con me stesso rimpicciolito dentro il corpo umano, dialogando con la mia versione in miniatura.

Come per i cartoni animati, la spettacolarità di queste scene era destinata ad attrarre un grande pubblico, ma spiegando in modo corretto come funzionava il nostro corpo a livello cellulare, e cosa poteva succedere quando qualcosa non andava nel modo giusto.

Pensai che questo programma si sarebbe potuto vendere bene all'estero, e, come dicevo, decidemmo di girarlo anche in lingua inglese: venne in studio un *dialogue coach* a controllare il mio inglese, correggendomi ogni volta che era necessario. Il tutto fu poi ulteriormente doppiato da un attore inglese sul mio labiale, e ne uscì una versione perfetta.

A quel punto, attraverso i contatti RAI, cercammo un partner forte per poter entrare nella distribuzione internazionale: alcuni dirigenti della Prima rete tedesca visionarono le prime puntate e immediatamente si associarono. In breve tempo, il programma fu venduto in ben quaranta paesi nel mondo!

Dopo la messa in onda in Italia l'editore De Agostini mise

in edicola le otto puntate su videocassetta, e altrettanto fecero i paesi che avevano acquistato la serie. E fu così che ogni tanto vedevo arrivare dall'estero delle cassette in cui parlavo tedesco, spagnolo, arabo, coreano. La versione giapponese, in particolare, era perfetta, e la sera con gli amici ci divertivamo ad ascoltare Piero Angela parlare correttamente il giapponese...

Un giorno ricevetti la notizia che il programma (il cui titolo definitivo era diventato "La macchina meravigliosa") era stato inviato al Festival Internazionale del Film Scientifico a Tokyo, e che, su 100 partecipanti, si era classificato al secondo posto (venne addirittura l'ambasciatore giapponese in RAI a consegnare il premio). Qualcuno disse che sembrava quasi che la RAI fosse diventata la BBC, capace di vendere i suoi programmi in tutto il mondo.

Tra l'altro, alcune sequenze de "La macchina meravigliosa" (come la spiegazione sul funzionamento dell'udito) furono inserite nella Cité des Sciences et de l'Industrie, il grande museo parigino alla Porte de la Villette, e in due occasioni il quotidiano "Le Monde" dedicò un'intera pagina a questo nuovo modo di raccontare le scienze attraverso varie tecniche e formati. Il ministro della Cultura francese Jack Lang mi chiamò a Parigi per affidarmi la consulenza scientifica per la televisione pubblica. La televisione francese faceva ottimi programmi, ma solo in seconda serata: come riuscire a portarli in prima serata?

Lo ringraziai. L'invito era allettante, ma avendo vissuto a lungo a Parigi sapevo che non sarebbe stato facile arrivare tra bravi professionisti a fare il maestrino dalla penna rossa... E poi avevo il mio lavoro in Italia.

Il viaggio nel corpo umano era il primo di due altri "viaggi", uno nel mondo dei dinosauri e l'altro nelle profondità del cosmo. Due temi in cui si poteva "agganciare" un pubblico più giovanile e, attraverso riprese spettacolari, spiegare molta scienza.

Alla ricerca di un miliardo di lire

Per affrontare il tema dei dinosauri era necessario costruire tanti modelli diversi di animali a grandi dimensioni, il cui costo era rilevante. "Non ci sono i soldi" mi fecero sapere subito dalla rete. Bisognava quindi trovare qualcuno disposto a tirar fuori il denaro: circa un miliardo di lire! La cosa, evidentemente, non era facile. C'era però una grande azienda pubblica italiana che, in un certo qual modo, aveva a che fare con il campo della paleontologia: l'ENI. Andando alla continua ricerca di giacimenti petroliferi, infatti, i suoi geologi erano spesso impegnati in scavi in terreni rimasti vergini per milioni di anni.

Era un collegamento tirato un po' per i capelli, ma ci provai lo stesso. Mostrai a un alto dirigente dell'AGIP Ricerca quello che avevo intenzione di realizzare, e gli chiesi se poteva essere interessato a mettere il loro marchio nei crediti di un programma che probabilmente sarebbe stato venduto in tutto il mondo. In cambio avrebbe pagato direttamente a una scenografa esterna i costi di costruzione dei modelli. Fu d'accordo. Anche per la RAI non c'erano problemi, perché la citazione di quel marchio non interferiva in alcun modo con i contenuti del programma.

E fu così che cominciò un'altra avventura: "Il pianeta dei dinosauri". Molto difficile sul piano tecnico, perché nessuno aveva mai costruito dinosauri, tantomeno grandi modelli in grado di camminare e persino correre... Non sto a raccontare le peripezie per arrivare al risultato finale. Furono costruiti cinquantasei modelli, lunghi tra un metro e mezzo e cinque metri. Alcuni con meccaniche interne teleguidate, altri mossi da attori completamente vestiti di blu.

La lavorazione fu realmente complessa. Come prima cosa, gli scultori dovettero realizzare dei modelli in creta. Su questi vennero fatti dei calchi, che servirono come stampi per la realizzazione delle parti in resina, poi collegate insieme e ricoperte da speciali lattici che imitavano la pelle e le scaglie. Infine, i pittori completavano il lavoro con i colori adatti.

Piccolo aneddoto curioso. Tutto il lavoro avveniva in un laboratorio di scenografie teatrali a Guidonia. Un giorno, un diplodoco di cinque metri venne caricato su un camion per essere trasportato negli studi RAI ma, non essendo stato fissato bene, scivolò con il suo carrello e piombò su un'automobile parcheggiata, sfondandone con la testa il lunotto posteriore... Fu il primo incidente della storia tra un'automobile e un dinosauro, regolarmente denunciato all'assicurazione.

Tutti questi dinosauri si muovevano in ambienti reali, da noi filmati in Nord America, che riproducevano il tipo di vegetazione e i paesaggi del tempo. Avevamo persino fatto costruire degli alberi dell'epoca, in materiale sintetico, che si aprivano e chiudevano "a ombrello", per poter essere trasportati facilmente e collocati nei punti giusti per ricostruire gli ambienti originali.

L'operatore era Mario Vitale, grande amico di tante avventure televisive, e il consulente era il famoso paleontologo Dale Russell.

Io mi appostavo vicino ai nidi di triceratopo, camminavo tra le mandrie di *Coelophysis*, assistevo da vicino all'abbeveraggio dei diplodochi, osservavo la predazione di un *Tyrannosaurus rex*, volavo in deltaplano accanto agli pterosauri e pilotavo anche un piccolo sommergibile per avvistare i grandi rettili marini.

Nell'ultima puntata del programma, naturalmente, mostrammo anche l'arrivo dell'asteroide e la conseguente estinzione di massa che mise fine al Cretaceo.

Anche questa volta il programma funzionò, e fu venduto in tutto il mondo.

La terza serie, "Viaggio nel cosmo", fu anch'essa girata con lo stesso *format*: una parte condotta in studio e un'altra realizzata dentro un'immaginaria astronave che si muoveva nello spazio, e che esplorava via via i vari pianeti del Sistema Solare, con le loro lune, spingendosi poi negli spazi più profondi, fino ai limiti della Galassia e oltre.

In questo caso lavorammo a lungo per ricreare gli effetti di assenza di gravità; devo dire con risultati veramente realistici, gli stessi che si vedono nei filmati girati all'interno della Stazione Spaziale Internazionale. Le puntate furono sette, e anche queste furono vendute ai nostri ormai abituali clienti in tutto il mondo.

Lo straordinario regista del "Pianeta dei dinosauri" e di "Viaggio nel cosmo" fu Gabriele Cipollitti: con lui studiammo tutti gli effetti speciali, le scenografie, le riprese, e da allora abbiamo poi fatto coppia fissa: è infatti con Gabriele che ho realizzato tutti i miei programmi successivi. E devo veramente ringraziarlo per l'intelligenza e la passione che ha profuso nel lavoro comune di tutti questi anni, diventando anche un vero specialista di queste riprese particolari arricchite da effetti elettronici. Calcolammo che complessivamente, con queste tre serie, la RAI aveva venduto nel mondo qualcosa come 600-700 puntate (quelle sui dinosauri furono girate anche in francese).

Nella versione italiana, dopo la messa in onda del programma era previsto un approfondimento in diretta, in studio: dopo i filmati iniziava infatti un dialogo tra scienziati e studenti in un'aula ad anfiteatro, come se fossimo a una lezione universitaria, con esperimenti e test.

Nel caso del "Viaggio nel cosmo", questa parte fu realizzata all'Osservatorio della Specola di Firenze, e ricordo con grande affetto la partecipazione dell'astronoma Margherita Hack, sempre chiara e coinvolgente. Un personaggio molto forte, oltre che una scienziata di grande valore. Ricordo che, il primo giorno, la truccatrice le chiese se volesse passare al trucco, e Margherita rispose con un'espressione colorita che toglieva ogni dubbio sul suo rapporto con i cosmetici.

Questo modo di fare divulgazione ha in sé un aspetto che non tutti hanno colto, specialmente in passato: dietro questa apparente leggerezza narrativa, come accennavo prima, ci sono molta scienza e una rigorosa accuratezza di contenuti. Non è un caso che ogni volta abbiano collaborato alla realizzazione dei programmi (cartoni animati compresi) eminenti scienziati, e la maggior parte delle volte con entusiasmo, perché si trattava di un modo per parlare di biologia, evoluzione, climatologia, geologia, anatomia comparata, ecologia, formazione delle stelle, nascita della materia e cento altre cose.

È infatti una maniera di comunicare che colpisce l'emotività, "accende" l'attenzione, e permette di capire meglio (e ricordare) i concetti. Queste cose le aveva comprese molto bene un personaggio con il quale ebbi modo di lavorare a lungo: Alfredo Ambrosetti.

Spiegare l'economia

Lo Studio Ambrosetti è famoso per organizzare ogni anno alla Villa d'Este di Cernobbio, sulle rive del lago di Como, un grande forum sull'economia, al quale partecipano personalità di tutto il mondo per fare il punto sui grandi problemi del momento. Nel 1985 il dottor Ambrosetti mi telefonò più volte, proponendomi di realizzare insieme una serie di programmi sull'economia. Ero un po' perplesso, ma alla fine pensai che sarebbe stata una bella avventura, e arrivammo a firmare un contratto con la RAI: Ambrosetti avrebbe fornito gratuitamente tutte le consulenze necessarie, al più alto livello, e avrebbe poi avuto il diritto di utilizzare le registrazioni per i suoi corsi di alta dirigenza aziendale. Fu d'accordo con la mia idea di vedere l'economia in particolare attraverso i cambiamenti che stavano portando le nuove tecnologie digitali. La collocazione sarebbe stata quella di prima serata, con quattordici puntate brevi (20 minuti soltanto, per non mettere a dura prova l'attenzione degli spettatori) interamente realizzate con le animazioni di Italo Burrascano, i cartoni animati di Bruno Bozzetto e i miei interventi da studio.

Chiesi a Renzo Piano, con il quale avevo rapporti d'amicizia, di ideare una scenografia innovativa, e ne uscì una struttura scenica davvero originale: una costruzione in legno e teli che all'inizio del programma si apriva come un fiore che sboccia, e alla fine si richiudeva nuovamente su se stessa. Ripresa dall'alto, era un'immagine suggestiva.

Cominciò intanto il *brainstorming* per definire i contenuti del programma. Il dottor Ambrosetti organizzò una specie di full immersion con un gruppo di economisti di grande spicco: Tommaso Padoa Schioppa, Paolo Savona, Paolo Sylos Labini, il sociologo Giuseppe De Rita e il professor Umberto Colombo (che sarebbe poi diventato ministro dell'Università e della Ricerca scientifica e tecnologica). Un gruppo eccezionale, con il quale ci riunimmo per quattro weekend in una saletta dell'Hotel Ambasciatori Palace a Roma. Il mio compito principale consisteva nel porre domande, stimolando interventi, pareri e discussioni in un flusso ininterrotto di idee, dati, osservazioni.

Prendevo continuamente appunti, e riempii interi quaderni. Fu un'esperienza preziosissima, e soprattutto un modo diretto per entrare nella materia, catturando le risposte che mi interessavano.

Dopo questa specie di ritiro conventuale, mi misi a scrivere le quattordici puntate, e a ideare i grafici e i cartoni animati. Presentai il mio lavoro ad Ambrosetti, e infine registrammo il tutto in studio.

Da questa operazione uscì anche un libro, *Quark economia*, che fu adottato in varie aziende per la formazione del personale dirigente. Ma il libro fu anche l'occasione per un episodio curioso e significativo.

Alcuni anni dopo l'uscita del volume, mi telefonò un signore da Brescia, Gianfausto Ferrari, ringraziandomi: "Quel libro" mi disse "ha cambiato la mia vita". Per questo aveva deciso di assegnarmi un premio di dieci milioni di lire (che girai subito al CICAP). Mi spiegò che era proprietario di una piccola impresa di idraulica e che, leggendo come i computer avrebbero nel giro di pochi anni rivoluzionato il modo di produrre, distribuire e comunicare, si lanciò nel campo digitale: qualche anno dopo possedeva già un'azienda con quarantadue informatici che fornivano consulenze a imprese e industrie, e il suo giro d'affari si stava espandendo velocemente. Siccome era un personaggio creativo, decise di puntare sui giovani, individuare quelli più in gamba, aiutandoli ad aprire una piccola attività in proprio e associandosi a loro. Oggi ha dato vita in tutta Italia e all'estero a dei "Talent Garden", dove centinaia di giovani sviluppano le loro startup. Recentemente ha addirittura creato una sua piccola "università" privata, con corsi intensivi per giovani di talento, già "prenotati" da aziende locali.

È una storia per me molto interessante, perché mostra bene come TV e libri non sono solo fine a se stessi: se il seme cade sul terreno fertile, le idee possono crescere e svilupparsi. Noi tutti siamo fatti di incontri, letture ed esperienze, magari casuali. L'importante è che tutti questi stimoli ci siano e circolino quanto più possibile.

Con Alfredo Ambrosetti, poco tempo dopo, entrammo in un'altra avventura: undici puntate, simili a quelle sull'economia, dedicate al Trattato di Maastricht, che ratificava la nascita dell'Unione Europea (e anche in questa occasione non si contarono i ritiri conventuali).

Nel frattempo, il sistema televisivo stava cambiando rapidamente: l'entrata in campo di Silvio Berlusconi, allora semplice imprenditore e non ancora uomo politico, aveva eroso il monopolio RAI, modificando in misura via via crescente i programmi, i palinsesti e anche i compensi.

XVII

Arriva Berlusconi

Incontrai per la prima volta Silvio Berlusconi in un gabinetto, dove entrambi eravamo andati a fare pipì. Mi trattenne a lungo, raccontandomi cose interessanti (e anche delicate). Era la toilette di un ristorante milanese in cui si teneva una cena in onore dei vincitori dei Telegatti (Berlusconi era diventato da poco proprietario della rivista "TV Sorrisi & Canzoni").

La competizione tra RAI e Fininvest per gli ascolti TV era in pieno svolgimento, e Berlusconi aveva sottratto alla Rai tre "star" di prima grandezza grazie a contratti favolosi: Pippo Baudo, Raffaella Carrà ed Enrica Bonaccorti. In proposito, mi raccontò una cosa che spiega bene i meccanismi che regolano i rapporti delle emittenti televisive con gli sponsor: cioè che quegli acquisti erano, ovviamente, importanti per creare attrazione verso le sue reti, ma ancor più perché sottraevano alla Rai tre personaggi capaci di garantire ascolti e, quindi, di richiamare una buona raccolta pubblicitaria.

In altre parole, ingaggiare i divi del panorama televisivo (e la loro capacità di attrarre pubblico) creava un doppio vantaggio: aumentava i propri ascolti e metteva in difficoltà quelli altrui. Certamente nessuno è indispensabile, e si possono sempre creare nuovi personaggi vincenti, ma non è così facile, né immediato.

Del resto, Berlusconi aveva fatto il colpo grosso sin dall'inizio, sottraendo alla RAI Mike Bongiorno. "Rubare" Mike

Bongiorno alla TV di Stato in quel periodo era come rapire Babbo Natale: Bongiorno era "la" televisione, l'immagine stessa della TV. Arricchirsi di tutti quei personaggi così popolari voleva dire: cari telespettatori, ormai le reti Fininvest sono come quelle RAI, non c'è differenza. Un segnale forte, coronato dall'autorizzazione a trasmettere i programmi in diretta, che garantiva quindi la possibilità di competere anche nel campo dell'informazione, con i telegiornali.

Su Mike Bongiorno molto è stato scritto, ma ho l'impressione che non tutti avessero colto la vera novità del suo arrivo sul piccolo schermo. Credo che la cosa giusta a proposito del suo modo di comunicare l'abbia detta un mio amico: Bongiorno era uno che sapeva augurare Buon Natale... Augurare Buon Natale è infatti una cosa difficilissima, se non si ha una naturalezza innata. Certo, i suoi erano programmi di quiz, e non volevano essere niente di più, ma mi ha sempre dato un po' fastidio il tono sarcastico e irridente con cui alcuni ne parlavano. Ho potuto osservare in certe occasioni la sua modestia e disponibilità, rispetto agli standard abituali dei cosiddetti divi. E ho l'impressione che almeno alcune delle sue "gaffe" fossero intenzionali. Sicuramente, certe cose se le inventava. Ricordo che in occasione di un'altra serata di premiazione per i Telegatti mi fece una breve intervista sul palco, e se ne uscì con questa trovata: "Sapete che questo signore, quando da bambini giocavamo insieme ai giardini, a Torino, mi picchiava?". Gli feci osservare che avendo io ben cinque anni meno di lui, era molto difficile che da bambino potessi picchiarlo... Ma andò avanti imperterrito.

Per Berlusconi, portare via alla RAI Mike Bongiorno non fu difficile: la RAI lo pagava molto poco, anche nei periodi di maggior successo. I funzionari dicevano alle star dell'epoca: "Ritenetevi fortunati! Facendovi apparire in televisione vi facciamo diventare famosi e potrete guadagnare bene nelle serate e con la pubblicità".

Nel giro di pochi anni, le cose sarebbero completamente cambiate, anche perché con le reti di Berlusconi si era aperta la diga della pubblicità (che fino ad allora, in RAI, era ridottissima, e a cui solo pochi inserzionisti potevano avere accesso), ed era quindi cominciata anche la corsa verso gli ascolti più alti, per poter vendere le inserzioni al maggior prezzo possibile.

L'audience era ormai diventato il punto di riferimento per la valutazione dei programmi: "Che ascolto fa?" era (ed è tuttora) il metro per misurare un programma e stabilire la sua collocazione oraria.

In proposito, anni fa, un ex presidente della RAI, quindi una fonte certamente attendibile, rese noto un dato molto eloquente: in un intervento scritto, spiegò che un punto percentuale in meno annuo negli ascolti RAI significava una perdita di cento miliardi di lire in pubblicità! Un solo punto percentuale...

Le cifre oggi sono diverse, ma il meccanismo rimane lo stesso. Quando sono in gioco somme così rilevanti, un piccolo spostamento della percentuale di ascolto (lo *share*) diventa determinante.

Questo spiega perché era diventato "conveniente" pagare bene i grandi personaggi televisivi.

Ricordo ancora lo scandalo suscitato dal contratto miliardario che negli anni Ottanta la RAI offrì a Raffaella Carrà: gli uffici competenti spiegarono che, in realtà, quel contratto avrebbe fruttato una raccolta pubblicitaria record.

Per quanto mi riguarda, già nel 1985 avevo dato le dimissioni dalla RAI, per poter svolgere al meglio altre attività editoriali, e mi trovai a beneficiare, come libero professionista, di questo meccanismo competitivo.

In realtà, però, devo dire che il mio è un caso unico, credo: infatti io per la RAI lavoro gratis! Perché i compensi che ho ricevuto sono equivalenti alle somme che la RAI ha incassato per l'utilizzazione commerciale dei miei programmi (vendite all'estero, cassette, DVD, cessione del marchio, repliche, libri, la rivista "Quark" e, ultimamente, la vendita in edicola di quasi 3 milioni di DVD di scienze e storia).

Il misterioso contratto nazionale di servizio

La competizione per gli ascolti, però, ha portato nel corso degli anni a un crescente stravolgimento della programmazione, di cui hanno sofferto ovviamente i programmi di minor ascolto, cioè quelli culturali.

La concorrenza, si dice, migliora il prodotto, ma in questo caso è vero il contrario.

La RAI non è forse tenuta, proprio perché riceve i soldi del canone, a svolgere un servizio pubblico, e quindi a trasmettere programmi di qualità e che si occupino di cultura, indipendentemente dagli ascolti?

In effetti, esiste un contratto di servizio tra la RAI e il ministero delle Comunicazioni (l'odierno ministero dello Sviluppo economico) che prevede tutta una serie di indicazioni in tal senso. È un contratto che viene rinnovato ogni tre anni, ma che praticamente nessuno conosce, se non gli addetti ai lavori.

Incuriosito dalla questione, riuscii a procurarmene una copia, e rimasi molto sorpreso nel constatare che era, per così dire, di maglia molto larga. Quasi tutto era "servizio pubblico", persino le *telenovelas*, se avevano contenuti educativi. Poiché era l'unico documento che in qualche modo avrebbe potuto migliorare la situazione, pensai che sarebbe stato utile, in occasione del suo rinnovo, farne l'oggetto di un dibattito pubblico.

Mi rivolsi al sottosegretario del ministero delle Telecomunicazioni, che allora era l'onorevole Francesco De Vita, il quale si mostrò molto disponibile, e organizzammo un forum, al quale furono invitati, oltre ai direttori della RAI, giornalisti, autori televisivi e tutti coloro che potevano essere interessati alla vicenda.

Nel corso del forum mi resi conto (ancora una volta) che questo problema, in realtà, interessava ben poco. Tutti accusano la RAI di non "fare abbastanza" servizio pubblico, ma in un'occasione come questa, che avrebbe forse permesso di fare qualche passo avanti, nessuno mostrò di essere interessato all'argomento. Sui giornali non uscì neppure una riga...

Lo "scalino" che fece nascere "SuperQuark"

Nel 1993, proprio per via degli ascolti, salì alla ribalta una questione destinata a cambiare tutta la programmazione televisiva, compresa, ovviamente, la nostra: il cosiddetto "scalino". Per capire di che cosa sto parlando, basterà prendere a esempio quello che accadde a "Quark". Nel 1981, quando iniziammo ad andare in onda, come ho ricordato, la prima serata si apriva con il telefilm "Dallas", un'ora dopo seguiva il nostro programma e alle 22.30 cominciava già una terza serata, magari con una trasmissione sportiva. Tre pubblici diversi. Questo andava bene quando non c'era Mediaset, ma con l'arrivo della concorrenza si rischiava di perdere pubblico per strada. Il cambio di genere di programmi creava infatti uno spostamento di telespettatori, e il "patrimonio" iniziale di pubblico subiva un improvviso calo: lo scalino, appunto.

La soluzione consisteva nell'iniziare con un programma forte in prima serata e poi continuare fino al Telegiornale della notte, e magari anche oltre. Questo volle dire, naturalmente, rinunciare alla varietà dei generi nel corso della stessa serata, e soprattutto perdere certi programmi culturali, che prima riuscivano a infilarsi tra le pieghe del palinsesto.

Alcuni programmi "pigliatutto" erano già cominciati da tempo, e Brando Giordani, allora direttore di Rai Uno, mi telefonò chiedendomi di fare un "Quark" di due ore, anziché di una.

Pensammo di mettere in testa un bel documentario naturalistico della durata di un'ora, per attrarre anche un pubblico meno interessato alla scienza, e lo chiamammo "SuperQuark", su suggerimento di Giangi Poli.

I servizi sarebbero diventati più brevi e più numerosi, con rubriche, ospiti ed esperimenti. Ma occorrevano anche nuove persone, nuovi giornalisti scientifici. Devo dire in proposito che la nostra redazione non è mai stata "lottizzata": gli autori di "Quark", che il nostro pubblico ormai conosce bene attraverso i titoli di testa di questi ultimi anni (Cristiano Barbarossa, Elisabetta Bernardi, Giovanni Carrada, Barbara Gallavotti, Paolo Magliocco, Giangi Poli, Lorenzo Pinna, oltre a Marco Visalberghi), sono tutti professionisti scelti da me per il loro talento e la loro indipendenza. Perché lavorare con le persone giuste è la formula del successo. Come è stato anche per il Maestro Roberto Anselmi, selezionato sin dall'inizio per le sue qualità.

Devo anche ringraziare i miei direttori, che mi hanno sempre permesso di operare in piena autonomia. Questa, per me, è stata la cosa più preziosa. E ringrazio il vicedirettore di Rai Uno, Claudio Donat-Cattin, per il grande aiuto che ci ha dato.

Negli ormai più di vent'anni di "SuperQuark", molti scienziati sono stati ospiti fissi nei nostri studi, come Carlo Cannella, Danilo Mainardi e Giovanni Bignami, tanto amati dal pubblico, e purtroppo non più qui con noi. E poi Alessandro Barbero, Roberto Cingolani, Emmanuele Jannini. E naturalmente Paco Lanciano, con i suoi esperimenti così chiari e originali. Un'équipe davvero eccezionale, completata (e spesso sorretta) da una corona di programmisti e registi (soprattutto giovani donne molto in gamba) che hanno permesso a "SuperQuark" di essere quello che è oggi.

Mi scuso per questo breve elenco, ma troppo spesso ricevo complimenti che non merito, perché è il lavoro di tutte queste persone che permette la realizzazione del programma. Come pure la capacità organizzativa e produttiva di altri professionisti che negli anni sono stati responsabili della costruzione di "SuperQuark", quali Giusi Santoro, Laura Falavolti, Monica Giorgi Rossi e Nicoletta Zavattini. Per il "SuperQuark" Storia Paola Megas, Marina Marino, Manuela Capo. E per i documentari Patrizia Limongi.

Ma quando cominciai questo nuovo programma, c'era un giovane in particolare che mi sarebbe piaciuto avere nella squadra: aveva realizzato una rubrica di scienza alla Televisione Svizzera Italiana, "Albatros", una specie di "Quark", che era stata anche acquistata e replicata da Telemontecarlo (l'odierna LA7). Inoltre, sempre sulla rete del Principato di Monaco, stava per realizzare una serie di programmi il cui scopo era quello di visitare e raccontare i siti protetti dall'Unesco in Italia. Aveva un eccellente curriculum: si era laureato con lode in Scienze naturali, aveva completato i suoi studi con corsi a Harvard, alla Columbia, all'Università di California a Los Angeles, aveva partecipato a spedizioni di paleontologia umana prima in Zaire con l'Università di New York, poi in Tanzania con l'Institute of Human Origin e il Centro Studi Ligabue, poi in Etiopia con l'Università di Berkeley, poi in Oman con il CNR francese. Parlava perfettamente inglese e francese, e se la cavava con il tedesco.

Ma c'era un problema: era Alberto, mio figlio...

Se fosse venuto a lavorare con me si sarebbe aperto il tiro al piccione, contro di lui e contro di me.

Se non fosse stato mio figlio l'avrei preso subito, ma in una situazione come questa come si poteva fare?

Il vicedirettore di Rai Uno, Andrea Melodia, che era stato direttore di Telemontecarlo, mi disse che, in realtà, Alberto già collaborava con altre televisioni: si trattava di collaborare anche con la RAI da esterno, quindi non ci sarebbe stata alcuna assunzione. Siccome era bravo e aveva così tanta esperienza, ci conveniva. E fu così che Alberto iniziò a collaborare a "SuperQuark".

Ci tenevo a raccontare questo "dietro le quinte", perché mi sembrava giusto spiegare al pubblico che ci segue come andarono le cose.

L'inquilino di Rasputin

Con "SuperQuark" è cominciata una nuova stagione per raccontare la scienza in televisione: quasi venticinque anni di servizi, incontri, inchieste, esperimenti in diretta, ma non solo. Infatti è stata l'occasione per iniziare anche un nuovo filone, quello della Storia.

Nell'arco di questi anni abbiamo realizzato quarantotto programmi dedicati ai più grandi personaggi: da Michelangelo a Garibaldi, da Nerone a Einstein, da Napoleone a Mozart, da Augusto a Verdi, da Attila a Carlo Magno.

Per ognuno di questi personaggi disponevamo di un film o di uno sceneggiato dal quale scegliere le sequenze per aiutarci a ricostruirne la storia, e in più andavamo a filmare nei luoghi che avevano visto le loro gesta.

Le ricerche nei luoghi reali erano appassionanti; non solo per ritrovare palazzi, appartamenti, oggetti, cimeli, lettere, armi, fotografie, ma perché ogni volta erano incontri, scoperte, indagini, piccoli misteri, o anche occasioni per fare qualcosa di utile. A distanza di tempo, qualcosa si riesce sempre a trovare. Come è accaduto a proposito di Grigorij Efimovič Rasputin.

Quando ero a Parigi, avevo letto un libro sul caso Rasputin scritto dal principe Feliks Jusupov, uno degli uomini che lo avevano assassinato. Rasputin, uno strano monaco guaritore, era diventato un personaggio pericoloso per il grande ascendente che aveva sulla zarina e per la sua influenza politica a corte. E così fu ordito un complotto per eliminarlo.

I fatti si erano svolti nel 1917. Negli anni Cinquanta, mi chiesi se il principe Jusupov potesse essere ancora vivo. Lo era, e abitava proprio a Parigi! Riuscii a rintracciarlo e gli telefonai. Fu molto gentile, ma non volle concedermi un'intervista.

Da allora rimasi però con questa strana sensazione, di aver parlato col protagonista di una storia che sembrava veramente appartenere a un lontano passato. Ed è con questa sensazione che andai a visitare il fastoso Palazzo Jusupov a San Pietroburgo, e a filmare il sotterraneo dove il mistico russo venne assassinato (Rasputin non moriva mai, malgrado i dolci al cianuro e le pistolettate; i congiurati dovettero inseguirlo nel giardino per abbatterlo).

Poteva esserci ancora qualche altra traccia dei luoghi dell'epoca? Ritrovammo l'appartamento in cui era vissuto Rasputin: la zarina glielo aveva trovato in un bell'immobile di Pietrogrado (come si chiamava la città durante la Prima guerra mondiale). Era qui che lungo le scale si formava una coda di questuanti in cerca di miracoli.

Entrammo in quel palazzo, che una volta era stato sontuoso: i muri ora erano scrostati, molti scalini sbrecciati. Suonammo al primo piano, e ci venne ad aprire un uomo piccolo, anziano, con la barba bianca. "Scusi, è qui che abitava Rasputin?" chiedemmo. Il suo viso si illuminò: "Sì, è qui". Ci fece entrare in una stanza piena di fotografie di Rasputin. E persino un grande ritratto a olio, da lui stesso dipinto. Era un pittore, appassionato della vita del monaco, e fiero di abitare in quel luogo.

Dopo la rivoluzione i bolscevichi andarono in quella casa e spaccarono il pavimento in cerca di oro nascosto, ma non c'era niente.

Gli chiesi se si poteva visitare il resto dell'appartamento, ma mi disse che tutte le stanze erano abitate. A distanza di vent'anni dalla *perestrojka* c'era ancora la coabitazione: ognuno aveva una stanza per sé, ma il gabinetto e la cucina erano in comune...

Piccolo episodio collaterale e significativo, specchio dei tempi. Avevamo un'interprete che parlava l'italiano in modo perfetto. Le chiesi se era stata nel nostro paese, e lei rispose di no. Quando era studentessa, ci disse, in ogni quartiere c'era una scuola in cui si studiava (bene) una lingua diversa. A lei era toccato l'italiano. E aggiunse: "La scuola si chiamava 'Palmiro Togliatti'. Però adesso si chiama 'Dante Alighieri'...".

È incredibile come, cercando, si trovano ancora discendenti di personaggi storici: a Madrid rintracciammo Cristóbal Colón, un discendente diretto di Cristoforo Colombo, ancora insignito di tutti i titoli e onorificenze che la regina Isabella aveva conferito allo scopritore del Nuovo Mondo "per tutta la sua discendenza": grande ammiraglio del Mare Oceano, viceré delle Indie, eccetera.

Era un giovane uomo elegante (e anche molto ricco, mi avevano detto). L'appuntamento fu un po' rocambolesco; il luogo (una saletta al primo piano di un albergo) e l'ora ci vennero comunicati all'ultimo momento, perché Cristóbal Colón era nel mirino dell'ETA (la formazione politico-militare indipendentista basca) e arrivò scortato da guardie del corpo.

Chi salva la casa di Meucci?

Alle volte, in quei viaggi, capitava che il lavoro prendesse una piega diversa, perché scoprivamo qualcosa di inatteso. È il caso di Antonio Meucci. Eravamo andati negli Stati Uniti, dove la Camera dei deputati, con una solenne dichiarazione, aveva riconosciuto Meucci come il vero inventore del telefono, sulla base dei documenti processuali dell'epoca. In una piccola isola nei pressi di New York, Staten Island, non molti lo sanno, c'è ancora la casa di Meucci, con un piccolo museo (nel giardino c'è anche la sua tomba). È una villetta dove sono raccolti anche alcuni cimeli di Garibaldi, che visse lì per qualche tempo e lavorò in una fabbrica di candele di Meucci (che era un esule politico, oltre che fervido inventore). Pensai che si sarebbe potuto rendere molto più attraente il museo, ampliandolo. Ma la direttrice della fondazione che lo gestiva mi disse che ormai non c'erano più soldi, e che la prospettiva era addirittura di chiudere. Le donazioni si erano fatte sempre più rare, e non era più possibile mantenere in vita quel luogo.

Tornato in Italia, presi contatto con i vertici di una grande compagnia telefonica e spiegai la situazione. "Non pensate che sarebbe bello, e anche un po' doveroso, cercare di valorizzare questo luogo e salvare la casa di Meucci, che in fondo è un po' il vostro padre nobile? Potrebbe essere anche un salvataggio encomiabile dal punto di vista dell'immagine aziendale."

Sì. No. Alla fine no. Con la direttrice, un po' delusa, decidemmo allora di raccogliere dei fondi costruendo sul terreno un percorso fatto di piastrelle, ognuna con inciso il nome del donatore (minimo mille dollari). Un modo, soprattutto, per smuovere le coscienze dei tanti italiani d'America, molti dei quali residenti anche a Staten Island.

Contattai anche alcune agenzie di viaggio italiane, dicendo loro di suggerire ai turisti che andavano a New York di spingersi fino a Staten Island (ne vale davvero la pena). Alla punta di Manhattan c'è un traghetto che in 20 minuti porta gratis sull'isola; si vede New York dal mare, e anche la Statua della Libertà. Ma soprattutto si vede l'America... Nel senso che New York è una concentrazione di grattacieli, e non dà la possibilità di vedere l'autentica *American way of life*. A Staten Island, invece, facendo un giro con un taxi, si vede come vivono veramente gli americani, con la loro villetta, il giardino, i *community centers*.

Arriva il preservativo

Il 1988 fu per la RAI l'anno di un grande evento: quello del preservativo. L'aumento preoccupante dei casi di AIDS e le poche precauzioni che soprattutto i più giovani prendevano nei rapporti sessuali avevano reso necessaria e non più rinviabile una campagna d'informazione per evitare la diffusione del contagio.

La Chiesa era assolutamente contraria all'uso del preservativo, considerandolo un mezzo artificiale che precludeva la procreazione, usato per puro scopo edonistico. Predicava l'astinenza, e accettava il metodo naturale Ogino-Knaus, che indicava i periodi fertili e non fertili. C'erano stati molti dibattiti: qualcuno aveva proposto persino un ardito compromesso: consentire l'uso del preservativo ma con un piccolissimo buco, in modo da non escludere l'intenzione procreativa!

Malgrado i mille dubbi e le molte polemiche, il ministero della Sanità ritenne doveroso far realizzare uno spot da trasmettere in televisione.

La RAI, in tutta la sua esistenza, mai avrebbe pensato di trovarsi un giorno a dover incentivare l'uso del preservativo... La parola stessa creava imbarazzo. E infatti fu chiamato profilattico.

La delicata questione di come realizzare questo spot venne delegata a una grande agenzia pubblicitaria di Torino, sotto l'occhio vigile dei committenti.

La RAI ritenne però che per evitare di creare irritazione, o addirittura uno choc in una certa parte del pubblico, sarebbe stato opportuno "contestualizzare" lo spot spiegando l'importanza di prevenire un contagio che aveva già provocato tante vittime.

Mi contattarono perché preparassi un programma di 8-10 minuti nel quale inserire lo spot sul preservativo. Cosa che cominciai a fare con filmati e grafici. A un certo punto arrivò da Torino il titolare dell'agenzia di pubblicità con lo spot girato. Non appena lo vidi, gli dissi subito che mi sarei rifiutato di presentarlo. Evidentemente era il risultato di una serie così lunga di mediazioni, rifacimenti e limature che alla fine non stava più in piedi.

Gli dissi come, secondo me, andava cambiato, altrimenti avrebbero dovuto cercarsi qualcun altro.

Con mia sorpresa, le modifiche furono accettate e il piccolo programma, con lo spot, andò in onda in prima serata sui tre canali RAI, quasi a reti unificate come il discorso del presidente della Repubblica. Ricordo che era un sabato sera, ed ebbe un ascolto record.

Ci furono comunque malumori e proteste, e il povero ministro della Sanità dell'epoca, in un'intervista al "Corriere della Sera", per scaricarsi un po' di responsabilità se la prese con me, accusandomi di "edonismo" (?!).

XVIII

"Perché non scrivi qualcosa per il cinema?"
Un giorno mi chiamò al telefono Franco Cristaldi, il famoso produttore di molti film di qualità. Voleva parlarmi. Ci conoscevamo da Torino, dal dopoguerra. Ogni tanto ci vedevamo, ma presto io partii per Parigi e lui per Roma. Mi recai nella sua bella villa sulla Flaminia, con piscina e sala cinematografica. Dopo i "Come stai?" e i "Ti ricordi?" mi chiese: "Perché non scrivi qualcosa per il cinema? Un soggetto che abbia a che fare con la scienza?".
Non avevo mai lavorato per il cinema, però l'idea mi affascinava. Perché finalmente avrei potuto scrivere qualcosa di più libero e creativo, con trame, attori, azioni, pur rimanendo sempre dentro il recinto della scienza. Gli risposi quindi di sì, e mi misi al lavoro.
In quel periodo, era il 1983, per la Mondadori avevo scritto una lunga introduzione a *Il destino della Terra*, un saggio sui rischi di una guerra nucleare dello scrittore americano Jonathan Schell, e per farlo mi ero documentato su tutti gli aspetti di un eventuale conflitto atomico. Tra le varie cose, mi interessai anche ai rifugi antiatomici che si stavano allestendo in vari paesi europei. Addirittura in Svizzera e in Svezia ogni edificio, ogni casa doveva dotarsi di un rifugio. Erano ambienti attrezzati con riserve alimentari, pronto soccorso, sistemi antiradioattività e un collegamento via radio con la protezione civile.

Mi dissi: ecco un luogo interessante in cui ambientare un film! Andai in Svizzera e presi appuntamento con il generale della locale protezione civile, che sovrintendeva a tutta l'operazione. Fu molto collaborativo e mi portò ovunque, nei condomini, negli edifici pubblici, e mi spiegò anche come funzionavano i mega-rifugi per duemila persone. Praticamente erano delle gallerie con grandi portali a tenuta stagna. All'interno ogni cosa era predisposta: letti, cibi conservati, docce, gruppi elettrogeni autonomi, ma anche una sala chirurgica e persino una prigione.

Insomma, gli svizzeri e gli svedesi avevano preso molto sul serio l'ipotesi di una guerra nucleare, ma numerosi rifugi stavano sorgendo un po' ovunque anche nel resto dell'Europa.

In alcuni di questi rifugi erano state collocate anche delle armi, per autodifesa, non sapendo quello che si sarebbe trovato all'uscita. Le armi erano tenute chiuse in un armadio blindato: le serrature erano tre, e occorrevano tre diverse chiavi per aprirle: una l'aveva il capo-rifugio, le altre due venivano affidate tramite sorteggio.

C'erano varie aziende specializzate nella costruzione di rifugi antiatomici già pronti per essere interrati e il film prese spunto proprio da una di queste aziende, in Germania, a Francoforte.

Sedici persone in trappola

L'idea alla base del film era di chiedere a sedici volontari di vivere per tre settimane all'interno del rifugio, per collaudare tutte le attrezzature e riferire su eventuali piccoli inconvenienti o dettagli da migliorare.

In realtà, lo scopo era di vedere quale sarebbe stato il comportamento di queste persone in caso di vero allarme nucleare (provocato ad arte) e capire quali misure potevano essere utili in caso di panico.

I sedici volontari non lo sapevano, ma ovunque erano nascosti microfoni e microtelecamere per tenerli sotto osservazione ventiquattr'ore su ventiquattro.

L'esperimento sarebbe stato affidato a un famoso psicologo sociale, che in una specie di sala regia vedeva tutto, e dava il via alle diverse sequenze.

Non sto a raccontare tutto il film. Diciamo che il protocollo prevedeva che, come nei rifugi reali, a turno due partecipanti fossero all'ascolto della radio della protezione civile. Una notte la radio interrompe la musica, e comincia a trasmettere nei rifugi dialoghi tra addetti, poi messaggi e ordini.

È notte piena, tutti vengono svegliati, e qualcuno accende la televisione: c'è un cartello. Avvisa che un comunicato importante sta per essere trasmesso. Qui parte un filmato già preparato, molto credibile, che vede come protagonista un giornalista conosciuto. Annuncia che il comando militare, dopo varie reticenze, conferma che per errore da un sottomarino russo è partita una testata multipla, e che una di queste atomiche sta arrivando su Francoforte.

All'interno del rifugio sono tutti terrorizzati, non sanno cosa fare. Poi si comincia a riflettere: "Noi però qui siamo al sicuro...".

Intanto trilla il videocitofono: sono persone dall'esterno che vogliono entrare. Ma quante sono? Non si sa, ma stanno aumentando. Che fare? Qui il gruppo si divide, c'è tensione. Quelli che non vogliono aprire si impossessano delle chiavi dell'armadio e prendono le armi. Spaccano il videocitofono e nella colluttazione salta anche la centralina con i collegamenti esterni. Una ragazza, intanto, sta per suicidarsi.

In sala regia vedono tutto, ma non riescono più a comunicare: l'unica soluzione è interrompere l'esperimento ed entrare forzando la porta con i martelli pneumatici. La squadra dei pompieri è già predisposta.

Sentendo che qualcuno dall'esterno cerca di entrare, il gruppo armato spegne le luci e si prepara a far fuoco.

A Franco Cristaldi questa storia piacque moltissimo. Come anche ai coproduttori interpellati: francesi, tedeschi, canadesi e americani. Fu deciso subito di realizzare il film.

La regia fu affidata a Giuliano Montaldo, che ha firmato molti film di altissima qualità. E gli attori? Cristaldi era partito in quarta ("Con questo film andiamo all'Oscar!") e interpellò Marlon Brando. Brando era occupato, ma il cast che ne uscì era veramente stellare: Burt Lancaster e Ben Gazzara; poi i due attori preferiti di Ingmar Bergman, Ingrid Thulin ed Erland Josephson; e ancora Zeudi Araya, Andréa Ferréol, Flavio Bucci...

A quel punto pensai di coinvolgere come esperto il professor Philip Zimbardo, dell'Università di Stanford, famoso per i suoi esperimenti di psicologia sociale, in particolare quello dei "carcerati e carcerieri", mostrando come certe situazioni possono modificare radicalmente il comportamento delle persone. Lo conoscevo da tempo.

Presi dunque un aereo per San Francisco, passai tutta la giornata con lui, e ripresi il volo successivo per Roma. Il soggetto gli piacque molto e approvò quello che avevo scritto. Rimasi in contatto con lui per le eventuali modifiche.

Il soggetto che avevo consegnato a Cristaldi (in realtà gliene avevo dati due, e io preferivo quello che non fu scelto) era già un vero copione, di cinquanta pagine. Gli dissi però che i dialoghi che avevo abbozzato erano provvisori, indicativi: bisognava trovare un brillante dialoghista. Cominciò così una lunga ricerca. Il copione venne affidato a un primo sceneggiatore, ma il suo lavoro non ci convinse. Poi a un secondo, a un terzo, a un quarto. Il film era sempre lo stesso: ognuno di loro cambiava semplicemente i personaggi, ne introduceva di nuovi, ma il risultato non migliorava.

Così si andò avanti con un sesto sceneggiatore, un settimo...

Intanto gli anni passavano!

Il dolcevita rosa di Sean Connery

Per me fu comunque un periodo interessante, perché ebbi modo di frequentare la casa di Cristaldi e, attraverso lui, il mondo del cinema.

In quel periodo venne prodotto *Il nome della rosa*, tratto dal romanzo di Umberto Eco. E così, una sera a cena, ebbi il piacere di conoscere Sean Connery, che era il protagonista del film. Una persona di grande fascino. Margherita fu colpita dal suo sorriso un po' sornione e anche dal dolcevita rosa che solo lui poteva indossare con tanta eleganza. Era venuto insieme alla moglie e al regista Jean-Jacques Annaud, autore anche della *Guerra del fuoco*.

Giocammo a boccette, e mi colpì la sua semplicità e cordialità. È una di quelle persone con cui entri subito in sintonia e che hai l'impressione di conoscere da sempre.

Alle cene di Cristaldi e di Zeudi Araya venivano un po' tutti i grandi attori e registi: io lo vedevo come un principe rinascimentale che amava contornarsi di talenti e mettere insieme menti creative per costruire opere di qualità.

A Volterra possedeva una grande villa napoleonica, attrezzata per ricevere molti ospiti, e proprio lì ci raccogliemmo in una tre giorni di ritiro spirituale, per cercare di risolvere il famoso problema dei dialoghi. A Franco venne in mente anche di rivolgersi ai due grandi Piero De Bernardi e Leo Benvenuti, per avere qualche battuta divertente da inserire qua e là (erano gli autori di *Amici miei*, oltre che di tantissimi altri film brillanti). Noi li chiamavamo "gli indoratori", per le loro pennellate d'oro. Ma anche in questo caso, non funzionò come speravamo.

Eravamo arrivati all'undicesimo sceneggiatore. Questa volta era uno scrittore americano che aveva collaborato con Alfred Hitchcock ed era stato premiato dalla regina d'Inghilterra. Fu la versione definitiva (che poi era sempre la stessa del copione originale...).

Finalmente il film entrò in produzione, e anche qui imparai alcune cose. Una, in particolare. Nei documentari che realizzo, come nei libri che scrivo, sono io il responsabile di tutte le scelte, nel cinema no: nel cinema il padrone a bordo è il regista. È lui il responsabile, è lui che decide.

Il rapporto con Giuliano Montaldo era eccellente, ma vedendomi qualche volta soffrire Cristaldi mi disse: "Ho visto tanti sceneggiatori nella tua stessa situazione, ed è per questo che alcuni di loro sono diventati registi. Ma se vuoi essere il vero numero uno, devi diventare anche il produttore!".

Finalmente il film fu finito, ma erano ormai passati oltre tre anni da quando avevo cominciato a scrivere la sceneggiatura! Nel frattempo era uscito un famoso film sulla guerra nucleare, *The Day After*. E purtroppo, malgrado la mia opposizione, fu deciso di intitolare la nostra pellicola *Il giorno prima*. Quasi un film a rimorchio.

Ma soprattutto il clima politico era cambiato: dall'epoca di Brežnev, quella dell'equilibrio del terrore e dei rifugi anti-atomici, si era passati alla distensione dell'epoca di Gorbačëv.

Al di là del contesto, rimaneva però vivo il gioco delle parti, che mostrava la possibilità di manipolare il comportamento umano come in una gabbia per topi, agendo dall'esterno sulle passioni, le paure e i sentimenti. Zimbardo mi disse che il film ebbe molto successo nelle Università in cui fu mostrato, e ottenne un alto ascolto nella rete televisiva che lo trasmise.

Questa esperienza nel mondo del cinema mi è stata utile per comparare il mio lavoro di documentarista televisivo con la realizzazione di un film. Fare un film richiede molto tempo, molta pazienza, molti collaboratori, molta organizzazione, molti quattrini (anche per il lancio) e molti rischi. Ma se tutto funziona bene si può produrre un'opera immortale.

In televisione tutto è più facile, rapido, meno costoso, meno rischioso, ma, tranne eccezioni, si producono opere effimere. Però se ne producono tante, e sempre con soddisfazione. A volte le due cose si incrociano, ma molto raramente.

L'incontro (e lo scontro) con Federico Fellini

C'è un'ultima cosa da raccontare legata a questo mio breve passaggio nel mondo del cinema: l'incontro con Federico Fellini. Una sera, Cristaldi, non ho mai capito per quale ragione, organizzò una cena a tre, con lui, Fellini e me. Forse per capire se da questo incontro poteva nascere qualcosa. Come tutti, avevo una grande ammirazione per Fellini (lui sì autore di opere immortali come *Amarcord*), ma non riuscivo a liberarmi da una strana soggezione nei suoi confronti. Forse sbagliavo, ma mi sembrava una di quelle persone con cui non si riesce a conversare in modo rilassato: si ha l'impressione di dover sempre dire cose intelligenti. Fui molto attento a non toccare il tema del paranormale, sapendo quanto lui credesse ai fenomeni magici. Purtroppo, però, lo scontro avvenne ugualmente qualche tempo dopo, quando lo incontrai nuovamente una sera a casa del cantante lirico Nicola Rossi-Lemeni, e furono scintille: Fellini credeva profondamente nelle doti paranormali di un famoso personaggio torinese, Gustavo Rol, che in un libro io avevo invece descritto come un prestigiatore, e si arrabbiò molto.

Quello a casa di Cristaldi fu comunque un incontro che ricordo con grande piacere, anche per una battuta geniale che Fellini fece a un certo punto. A lui piaceva lo scrittore Andrea De Carlo, e mi chiese con quella sua vocetta caratteristica: "Ha letto *Uccelli da gabbia e da voliera* di De Carlo?". Risposi di no, che non l'avevo letto. "Com'è fortunato..."

Bellissimo! Come dire: io il gelato l'ho finito, lei invece deve ancora mangiarlo... Ma la cosa divertente è che la storia non finisce qui. Il mattino successivo passai in una cartolibreria sotto casa, pensando che, essendo un bestseller, forse avevano il libro.

Chiesi al commesso: "Avete *Uccelli da gabbia e da voliera* di De Carlo?". "Non so, vado a vedere." Tornò con un volume in mano, dicendomi: "Purtroppo non l'abbiamo, ma abbiamo questo: *Come curare il proprio canarino...*".

XIX

Far rivivere due antiche ville romane

"C'è il presidente Gasbarra al telefono." Ero in ufficio e mi passarono la chiamata dell'allora presidente della Provincia di Roma, Enrico Gasbarra. Non lo conoscevo, ed ero sempre un po' in allarme quando (molto raramente) telefonava qualche politico. "Cosa vuole?" chiesi. "Non l'ha detto."
Pensavo a qualche scocciatura, a qualche convegno o tavola rotonda. Invece mi disse una cosa molto interessante. Mi spiegò che aveva fatto fare degli scavi sotto la sede della Provincia, Palazzo Valentini, ed erano emersi resti di due antiche ville romane, due *domus*. "Lei che nei suoi documentari ricostruisce con la grafica i resti archeologici, e li fa rivedere come erano in origine, non potrebbe fare qualcosa del genere qui sotto?"
La proposta mi piacque molto, e andai subito a vedere che cosa era stato trovato. In effetti nei nostri documentari storici, insieme al regista Gabriele Cipollitti, avevamo spesso fatto "rivivere" molte costruzioni andate distrutte. Per esempio in Egitto, nella Valle dei Re, partendo da resti di muretti, avevamo ricostruito le abitazioni degli artigiani che lavoravano alle tombe, usando luci che guizzando ridisegnavano la struttura delle case e poi completavano ingressi, finestrelle, arredi... Oppure, sulle colonne del Tempio di Karnak riapparivano i dipinti dell'epoca. Il Colosseo tor-

nava a essere quello di un tempo, con le gradinate in marmo, e persino i leoni, che gironzolavano intorno a me, annusandomi. Ma anche la Reggia di Versailles si ripresentava com'era all'epoca del Re Sole, con gli antichi arredi, e perfino il fuoco nel caminetto.

Visitai dunque i sotterranei di Palazzo Valentini, dov'era stato realizzato un ottimo lavoro di restauro, con un pavimento in vetro che consentiva ai visitatori di vedere in trasparenza anche alcuni frammenti dei pavimenti originali. La visita, però, era di tipo classico, con la descrizione di quello che si vedeva (muretti, qualche decorazione muraria, parti di mosaico, un tratto di basolato, cioè di strada lastricata, e altro). Cose interessanti per un esperto, ma molto meno per un visitatore comune. Però...

Un nuovo modo di raccontare

Però si poteva ricreare qualcosa di interessante. Chiesi alcuni giorni per riflettere. Mi venne qualche idea e ne parlai a Paco Lanciano, il fisico con la barba bianca che realizza gli esperimenti nello studio di "Quark". Paco è un ideatore raffinato di musei della Scienza, ne ha realizzati alcuni davvero molto creativi, come quello di Sangemini. In più, ha una grande esperienza nelle grafiche luminose e nei computer. Tornammo insieme a Palazzo Valentini e cominciammo a lavorare con un'équipe di storici, archeologi, grafici. Fu un lavoro molto lungo e minuzioso, e il risultato è quello che si può vedere oggi, con visite quotidiane. Il percorso (grazie a nuovi scavi) dura attualmente un'ora e un quarto, ed è la mia voce che accompagna i visitatori, con musiche ed effetti (c'è anche una traduzione in sei lingue).

Un gran numero di proiettori e computer perfettamente sincronizzati permette di far rinascere quegli ambienti: le scale si riformano, le decorazioni delle pareti riappaiono, i pavimenti e i mosaici si completano. Inoltre, ricostruzioni grafiche realizzate da Gaetano e Marco Capasso, da anni collaboratori di "SuperQuark", fanno rivivere come in un film l'insieme delle *domus*. È come se un antico patrizio accogliesse degli ospiti e mostrasse loro la sua casa.

Gli scavi più recenti hanno permesso di ritrovare anche delle terme private, e riappaiono così i marmi e l'acqua in movimento nelle vasche.

Pensate che queste *domus* si trovano a pochi metri dalla Colonna Traiana, e nel corso degli scavi sono stati scoperti anche i resti di immense colonne, le più grandi mai viste, appartenenti quasi certamente al Tempio di Traiano, andato perduto. Nell'ultimo tratto della visita abbiamo ricostruito, quasi a grandezza naturale, proprio una parte della Colonna Traiana: il visitatore riesce così finalmente a vedere da vicino la storia raccontata dai bassorilievi, cioè le varie fasi della campagna di Traiano in Dacia (l'attuale Romania) con un resoconto dettagliato e avvincente.

Primo Palazzo Valentini, secondo il Colosseo...

Questo tipo di allestimento, del tutto nuovo e originale, ha completamente cambiato il tipo di visita che solitamente si compie in un sito archeologico: le ricostruzioni, le musiche e il racconto fanno rivivere una storia vera, che crea coinvolgimento ed emozioni.

La risposta del pubblico è andata al di là di ogni aspettativa: il sito Internet "TripAdvisor", che raccoglie i commenti dei visitatori dei beni culturali, ha pubblicato un dato stupefacente: su oltre 500 luoghi da visitare a Roma (palazzi, musei, monumenti...), Palazzo Valentini è risultato al primo posto nel gradimento del pubblico, secondo il Colosseo, terza la Galleria Borghese...

La cosa che ci ha fatto più piacere è stata una lettera a noi inviata dal direttore generale del Louvre, che non solo ha avuto parole molto belle, ma ha aggiunto che anche al Louvre si dovrebbe fare una cosa del genere.

Nel 2013, arrivò al Campidoglio il nuovo sindaco Ignazio Marino. Tra i suoi progetti c'era quello di realizzare una "Città della Scienza" (Roma è l'unica capitale senza un grande museo scientifico). In passato, c'era già stato nel 2001 un concorso internazionale per questa Città della Scienza, e assieme a Paco Lanciano lo avevamo vinto con un gruppo presieduto da Renato Dulbecco. Il progetto purtroppo rimase nel cassetto per mancanza di soldi, ma il sindaco Marino lo aveva rivitalizzato, trovando anche una sede e una possibilità di finanziamento. Ma era anche molto interessato a valorizzare i Fori Imperiali. E dopo aver visto Palazzo Valentini ci chiese di utilizzare queste nuove tecniche per realizzare, attraverso la società del Comune Zètema, un allestimento analogo al Foro di Augusto, uno dei luoghi sacri della romanità.

Anche in questo caso abbiamo cercato di restituire vita a questo luogo, facendo parlare le pietre attraverso luci, musica e parole.

Essendo all'esterno, le proiezioni si possono fare soltanto di sera (e non nella stagione invernale, quindi da aprile a novembre). È stata costruita una piccola tribuna davanti ai resti del tempio di Marte Ultore. Il racconto dura 45 minuti.

Un dato può dare la misura di quanto il pubblico abbia gradito anche questo nuovo allestimento (al quale hanno lavorato oltre 40 persone): è costato 800.000 euro e dopo sei mesi aveva incassato 1.200.000 euro...

Il sindaco Marino, nell'annunciare questi dati, ci ha invitati a fare altrettanto al Foro di Cesare. In questo caso abbiamo realizzato un percorso tra le rovine, facendo in modo che il pubblico "cammini" dentro l'antica Roma. Questi due allestimenti oggi danno lavoro a 40 persone e, caso quasi unico, sono in attivo (come anche Palazzo Valentini). Il gradimento del pubblico, misurato da un sondaggio, è del 99,6 per cento. E quello 0,4 per cento? Sembra che riguardi persone cui non funzionavano bene le cuffie.

Mi dispiace aver riportato tutti questi dati positivi, non è elegante che un autore lodi le proprie opere. Ma ci sono due ragioni. La prima è che se non le dico io, queste cose, non le dice nessuno... Ma la ragione principale è un'altra.

Questi tre siti mostrano come si possano rivitalizzare dei resti del passato davanti ai quali la gente passava senza quasi soffermarsi.

L'Italia è piena di luoghi che possono essere valorizzati e richiamare visitatori, consentendo loro di comprendere meglio ciò che stanno vedendo. È un'operazione di divulgazione (questa volta non scientifica, ma culturale) a mio avviso molto importante perché avvicina il pubblico al nostro grande passato, e può creare anche una maggiore sensibilità alla conservazione dell'immenso patrimonio che abbiamo ereditato.

Il famigerato "ribasso"

Devo sinceramente dire che, a parte queste tre isole felici, dove dei politici hanno promosso con passione gli allestimenti, è molto difficile lavorare in Italia in questo campo, non solo per le consuete difficoltà burocratiche, ma per una ragione ben precisa: la presenza, nelle gare, del famigerato "ribasso".

Vorrei fare un esempio per spiegare meglio il problema. Immaginate di disporre di un milione di euro e di un terreno per costruirvi una bella villa. Chiedete allora a cinque architetti di farvi qualche disegno preliminare, qualche schizzo in modo da potervi orientare e scegliere.

Ogni architetto propone quindi una propria idea. Il primo progetto vi piace, non è male, il secondo così così, il terzo è orrendo, il quarto molto carino, ma il quinto è di gran lunga il migliore. Sì, quello è il progetto vincente. Senonché arriva qualcuno che vi dice: "No, il progetto vincente è il terzo, quello che non le piace". "Perché?" "Perché fa uno sconto del 20 per cento." "Non me ne importa niente, io ho scelto quello migliore..." "Spiacente, ma per legge lei è obbligato a scegliere il progetto più brutto."

Sembra impossibile, ma è così che vanno le cose nei concorsi pubblici. Nel giudizio complessivo di un progetto infatti concorrono varie voci: la qualità del progetto stesso, alcuni aspetti tecnici che debbono essere rispettati, ma, soprattutto, la voce "ribasso", che fino a qualche tempo fa era addirittura senza limiti.

Ammesso che un tale criterio abbia un senso in un appalto per lavori stradali, dove non esiste una componente culturale (e comunque un ribasso vuol semmai dire che si dà qualcosa in meno, oppure che si subappalta in nero, oppure che a metà opera mancheranno i soldi), non può assolutamente valere per opere dell'ingegno, dove (scontati gli altri parametri) il valore vero è quello della qualità e dell'originalità.

Ci sono mille esempi di questa distorsione dovuta al ribasso. Cito un caso nel quale Paco Lanciano e io siamo stati direttamente coinvolti.

Il Museo di Scienze Naturali di Torino, antica gloria dell'Ottocento, aveva recuperato nuovi ampi locali, nel bel palazzo del Seicento, che era in origine la sede dell'Ospedale San Giovanni (dove si vedono ancora oggi le grandi corsie a crociera, in cui si allineavano i malati più diversi, con al centro un altare). La Regione Piemonte aveva lanciato una gara per l'utilizzo di questi nuovi grandi spazi e per il rinnovo del Museo, con una cifra importante: 7 miliardi di lire.

Con Paco ci impegnammo moltissimo (io in particolare, perché era un lavoro per la mia città), coinvolgendo architetti, grafici e produttori di alta qualità, e ne uscì davvero un buon progetto. Infatti fu giudicato il migliore e vinse la gara. Ma il giorno successivo ci arrivò la notizia che in realtà aveva vinto il quarto classificato, perché aveva inserito un ribasso del 20 per cento! Due settimane prima, la gara per il Castello della Venaria era stata vinta dal sesto classificato (fu l'unica a essere annullata). Anche la gara per il progetto del Nuovo Museo Egizio fu vinta dal terzo classificato. Ora, vi pare logico tutto questo? Perché il pubblico deve avere un'opera che oltre a essere stata giudicata di minor qualità, darà ovviamente (in qualche maniera) il 20 per cento in meno? Non è un risparmio, ma un danno.

Se i grandi committenti del passato avessero ragionato in questo modo non avremmo tutte le grandi opere d'arte che sono arrivate fino a noi. Quando decisero di far affrescare il grande salone di Palazzo Vecchio, gli amministratori della città di Firenze chiamarono Leonardo e Michelangelo, non fecero una gara al ribasso, da affidare al quarto o al sesto classificato... I nostri amministratori invece sì, perché così è la legge, che mette sullo stesso piano le opere dell'ingegno e i lavori stradali!

XX

Futuri

Arrivato al termine di un libro di ricordi e di riflessioni, come può vedere il futuro del nostro paese chi, come me, di futuri ne ha vissuti tanti?

Guardando indietro nella mia vita mi rendo conto che i miei futuri sono stati quasi tutti imprevedibili. Di quindici anni in quindici anni, per esempio, il mio lavoro è cambiato in un modo che non avrei potuto prevedere. Con una scansione di trent'anni, anche la società e il mondo si sono trasformati in modo imprevedibile.

Pensate alle varie Italie del 1915, 1945, 1975, o 2005.

Quando proviamo a immaginare il 2100, o oltre, lo vediamo come qualcosa che riguarda i posteri. In realtà un giorno, passando accanto a un giardinetto, guardavo dei bambini in un piccolo parco giochi seguiti affettuosamente dai loro genitori. Avevano dai due ai quattro anni. Ebbene, questi bambini nel 2100 avranno circa ottantacinque anni, cioè saranno più giovani di quanto non sia io oggi. Vale a dire che vedranno e vivranno tutto quello che succederà fino a quella data, e anche oltre.

Saranno giovani adulti nel 2050, cinquantenni nel 2070, sessantenni nel 2080... Vengono quasi le vertigini a pensare a tutte le cose straordinarie o terribili che vedranno nei prossimi ottanta o novant'anni. Sarà un mondo totalmente impossibile da immaginare. Non solo dal punto di vista tecnologico, ma soprattutto (cosa molto più importante) dal punto di vista sociale, economico, ambientale.

Di questo futuro non sappiamo assolutamente niente, perché le variabili sono troppe. Impensabile prevederne gli scenari.

Però c'è un elemento ormai sicuro che si proietterà lungo tutto il secolo: l'andamento demografico. La politica e l'economia sono come nuvole che passano, la demografia no. La demografia è come un gigante inarrestabile che lentamente, passo dopo passo, avanza, incurante di tutto e tutti, e impone la sua legge, quella dei numeri, già scritta nella "piramide demografica".

L'andamento della popolazione, così importante, paradossalmente al pubblico interessa poco, proprio perché i cambiamenti sono molto lenti e le conseguenze lontane. È per questo che in Italia nulla è stato fatto per correggere l'attuale crollo delle nascite, che avrà grandi conseguenze nel nostro paese. All'inizio del Novecento, in Italia ogni coppia generava in media quattro figli. Negli anni Trenta tre. Negli anni Sessanta due. Oggi poco più di uno.

Ma se da due individui ne nasce solo uno, vuol dire che la riproduzione si dimezza. A ogni generazione i giovani si dimezzano, mentre aumentano gli anziani (e la loro vita si allunga sempre più). Si prospetta uno sconvolgimento che provocherà squilibri in ogni campo: lavoro, sanità, pensioni, immigrazione...

Oggi si comincia a parlare di questo problema, ma ancora non si fa niente. Quasi dieci anni fa, nel 2008, con Lorenzo Pinna avevamo scritto un libro intitolato provocatoriamente *Perché dobbiamo fare più figli*, sperando inutilmente di sollevare qualche reazione e svegliare qualche neurone. Nel libro, portavamo un'ampia documentazione relativa a tutti i problemi connessi a questa drammatica denatalità, dovuta anche alla mancanza di politiche di sostegno alle famiglie. L'Italia, contrariamente alla media europea, era ed è il paese che destina agli anziani una quota della spesa sociale maggiore di quella che riserva alle famiglie.

Nel nostro paese si profila quindi un profondo cambiamento nei tre classici segmenti "scuola-lavoro-pensione": ci saranno meno giovani (che però studieranno probabilmente più a lungo), moltissimi pensionati e meno adulti attivi. Questi ultimi dovranno essere straordinariamente efficienti per far fronte alla nuova situazione. Una situazione all'interno della quale giocherà ovviamente un ruolo di primo piano anche il crescente flusso di immigrati, necessario all'economia e anche, in parte, a pagare (ma in quale misura?) le pensioni.

Si prevede che nel 2050 gli immigrati nel nostro paese saranno tra i nove e i dodici milioni, una specie di "seconda Italia" parallela.

La scomparsa dell'uomo bianco?

E a livello planetario cosa dicono i dati demografici? Dicono che Europa e Nord America diverranno una percentuale sempre più piccola della popolazione mondiale, passando dal 28 per cento del 1950 all'11 del 2050. È quella che alcuni hanno definito la graduale scomparsa dell'uomo bianco.

L'Africa, nello stesso periodo, esploderà, passando dai poco più di 200 milioni del 1950 a oltre 2 miliardi di abitanti del 2050!

L'Asia supererà i 5 miliardi. Ma, contrariamente all'Africa, nel 2050 la sua popolazione sarà molto invecchiata: in Cina quattro persone su dieci avranno più di sessantacinque anni. In Giappone, addirittura sette su dieci!

Cambiamenti enormi, quindi, sostanzialmente già scritti nella piramide demografica attuale.

E dal punto di vista economico, sociale e ambientale cosa accadrà? Sarà una vera e propria partita a scacchi tra problemi e soluzioni: impossibile prevedere come si presenterà la scacchiera fra trenta, cinquanta, o novanta mosse. Dipenderà dai giocatori.

Sui due lati della scacchiera saranno schierate, da una parte, le grandi incognite: disoccupazione, diseguaglian-

ze, clima, immigrazione, energia, acqua, cibo, fanatismo...
E, dall'altra: tecnologia, cultura, innovazione, adattabilità, produttività, ricerca, preveggenza, stabilità, intelligenza...

Costruire il futuro

Proprio pensando alla grande trasformazione che i giovani dovranno affrontare, ho portato avanti, nel corso degli ultimi anni, un'idea che dopo non poche difficoltà si è ora finalmente concretizzata (ne accennavo all'inizio del libro). A Torino.

L'idea è questa: chiedere agli studenti più brillanti (e più motivati) di impegnarsi a seguire un corso obbligatorio, esterno alla scuola: una trentina di lezioni sui grandi temi della società moderna, tenute da importanti personaggi ed esperti, appositamente individuati.

Per parlare di che cosa?

Credo che sia molto utile elencare in dettaglio gli argomenti di queste lezioni, per capire meglio il senso dell'iniziativa e magari invogliare qualcun altro a fare lo stesso in nuove città.

Ecco il "palinsesto".

Come economia e politica vengono trasformate dalla tecnologia. La situazione italiana nella ricerca. Le nuove rivoluzioni tecnologiche. L'intelligenza artificiale. I rischi di disoccupazione. Il caso del Web: opportunità e distorsioni. Come l'emotività influenza l'informazione. Cos'è la scienza (e cosa non è)? La pseudoscienza. Il mondo che cambia: lezioni dal passato. La globalizzazione. Educazione: quello che chiedono oggi le imprese. Le nuove professioni. Come creare un'impresa e sopravvivere. Le start-up. Produttività e attrattività. Esempi di competitività. La creatività. Energia: prospettive. Il futuro del clima. L'allungamento della vita. Conseguenze della longevità, in ogni campo. Immigrazione: aspetti demografici e sociali. Le pensioni del futuro. La nuova geografia del mondo. La Pubblica Amministrazione. Come nasce una legge. La giustizia e il cittadino. La corruzione. Il bilancio dello Stato: deficit e debito pubblico. Perché lo Stato spende più di quanto incassa?

Per evitare che le lezioni diventino troppo specialistiche (e noiose), Piero Bianucci, storico giornalista scientifico, con le sue domande e i suoi interventi si metterà sempre dalla parte degli studenti, per rendere l'esposizione particolarmente chiara e divulgativa. In modo che ogni lezione diventi una "chiave di lettura". Non solo, ma per non escludere gli altri studenti le lezioni saranno trasmesse in streaming e quindi tutti potranno vederle o richiamarle.

Naturalmente operazioni come questa possono andare in porto solo se si trovano le persone giuste, motivate, e che dispongono anche delle strutture necessarie.

Ecco come sono andate le cose in questo caso.

Nascita di un progetto

Il mio incontro fortunato è stato con il professor Francesco Profumo, che già conoscevo, ex rettore del Politecnico di Torino, ex ministro dell'Istruzione, dell'Università e della Ricerca, e presidente della Compagnia di San Paolo (collegata con lo storico istituto bancario).

Fu un incontro casuale, a Camogli, durante il Festival della comunicazione ideato da Umberto Eco. Man mano che gli illustravo il progetto, vedevo i suoi occhi lampeggiare... Il colloquio fu molto breve, ma fulminante: "Lo facciamo!".

Ci riunimmo qualche tempo dopo a Torino con le persone indispensabili per procedere: l'attuale rettore del Politecnico Marco Gilli e il direttore della Fondazione per la Scuola, Ludovico Albert, che portò l'adesione anche del direttore regionale del ministero dell'Istruzione, Fabrizio Manca. Tutti molto convinti. Era fatta...

Partì così rapidamente la selezione di 400 studenti: 200 del Politecnico e 200 delle scuole medie superiori di Torino (quelli del penultimo anno, per non interferire con gli esami di maturità). E si mise in moto anche la macchina organizzativa (e ringrazio Daniela Giuffrida per il suo efficace lavoro "sul campo").

Finalmente nell'ottobre del 2017 si tennero le prime lezioni.

E devo dire che per me è stata una grande emozione vedere l'idea trasformarsi in realtà, con quei 400 splendidi ragazzi che prendevano posto nei banchi dell'Aula Magna del Politecnico, quasi uscissero magicamente dalle pagine del dattiloscritto.

Personalmente penso che per questi giovani sarà un'esperienza importante, che rimarrà loro dentro: non solo per quello che avranno ascoltato e appreso (che potrà aiutarli a inquadrare meglio anche le notizie di giornali e telegiornali, e a interessarsi forse maggiormente a certi argomenti), ma ancor più per i valori che questi corsi cercheranno di trasmettere. E anche per le conoscenze e amicizie che potranno nascere tra i partecipanti e continuare nel futuro.

Molti di questi brillanti studenti entreranno a far parte della classe dirigente di domani. E probabilmente, se il progetto riuscirà e andrà avanti, i numeri potrebbero diventare cospicui. In cinque anni, solo a Torino duemila di questi giovani entreranno nel mondo attivo del lavoro e potrebbero non aver dimenticato quell'esperienza.

Il modello può naturalmente essere esteso ad altre città (e varie università hanno già in progetto di adottarlo).

Tutto questo si può fare però soltanto se si trovano persone che sentano la responsabilità di dedicare almeno una piccola parte del loro tempo per aiutare la giovane generazione. E mi ha stupito la generosità di tutti i relatori (anche di altissimo profilo) che hanno subito aderito al progetto arrivando da varie città e anche dall'estero: ricercatori, grandi manager, dirigenti di importanti istituti pubblici e privati, demografi, climatologi, economisti, filosofi della scienza, giuristi, giornalisti, magistrati, industriali, ecc.

E dopo?

E dopo? La storia umana ha poche migliaia di anni, in pratica inizia quando appaiono i primi documenti scritti e nascono le prime città. Quando immaginiamo il futuro parliamo anche in questo caso di secoli, o di millenni. Spesso però viene voglia di guardare più in là e immaginare il mondo in un'epoca molto più lontana. In fondo l'*Homo sapiens* (cioè la nostra specie) è qui da almeno centomila anni. Come sarà il mondo tra centomila anni? Come saranno le città, la natura, il lavoro, l'amore, l'arte? Come sarà la nostra specie (se esisterà ancora)?

Penso che non mi piacerebbe vivere in quel mondo. Mi dà l'idea di un mondo freddo, dove non ci sarà più niente da scoprire, forse neanche la diversità degli altri. Magari non sarà così, ma decisamente penso di essere stato fortunato a vivere in questo secolo, pieno di problemi, sì, ma anche di bellezza, di umanità e di cose straordinarie.

Epilogo

Quel piccolo carosello...

Si dice spesso che, invecchiando, riemergono certi lontani ricordi, magari da tempo dimenticati, come quelli della prima infanzia. Scrivendo questo libro e andando a ricercare tra le memorie tanti personaggi e momenti di vita, un po' è capitato anche a me. È riemerso in particolare quel lontanissimo ricordo del carosello con cavalli e cavalieri di latta che avevo avuto in regalo quando stavo per morire di polmonite. Quella piccola giostra rimase a lungo tra i miei giocattoli, e ricordo ancora i suoi colori vivaci, i cavalli che giravano alzandosi e abbassandosi, e il delicato suono del carillon che li accompagnava.

In fondo, a tanti anni di distanza, mi sembra di rivedere la mia vita un po' come quel piccolo carosello. Lavorando a questo libro ho rivisto passare tanti personaggi che apparivano e scomparivano, tanti volti, tante storie: cavalieri bianchi senza macchia, cavalieri neri, uomini straordinari, succhiacalzette, amici amati che non riapparivano più al giro seguente, plotoni di direttori generali, consiglieri di amministrazione, capistruttura, persone umili, persone importanti, geni e no.

Dentro quella folla di personaggi che giravano c'ero anch'io, a ogni passaggio uguale e diverso, con la mia piccola spada, i miei entusiasmi, il mio amore per la vita e la consapevolezza che pian piano la molla esaurirà la sua carica e la musichetta lentamente si fermerà.

Per fortuna ci sentiamo tutti eterni. Ed è per questo che cavalcheremo sino alla fine. Cercando di tenere alto il nostro pennacchio.

Mondadori Libri S.p.A.

Questo volume è stato stampato
presso ELCOGRAF S.p.A.
Stabilimento - Cles (TN)

Stampato in Italia - Printed in Italy

APR 2 0 2018

NO LONGER PROPERTY OF
THE QUEENS LIBRARY.
SALE OF THIS ITEM
SUPPORTED THE LIBRARY